EXPOSITION RÉTROSPECTIVE DE REIMS

CATALOGUE
DU
MUSÉE LAPIDAIRE
RÉMOIS

Établi dans la Chapelle basse de l'Archevêché

(1865-1895)

Par MM. Ch. Givelet, H. Jadart, L. Demaison

Membres de l'Académie de Reims

REIMS

IMPRIMERIE DE L'ACADÉMIE (N. MONCE, Dir.)

RUE PLUCHE, 24

M DCCC XCV

CATALOGUE
DU
MUSÉE LAPIDAIRE RÉMOIS

EXPOSITION RÉTROSPECTIVE DE REIMS

CATALOGUE
DU
MUSÉE LAPIDAIRE
RÉMOIS

Établi dans la Chapelle basse de l'Archevêché

(1865-1895)

Par MM. Ch. Givelet, H. Jadart, L. Demaison

Membres de l'Académie de Reims

REIMS
IMPRIMERIE DE L'ACADÉMIE (N. Monce, Dir.)

RUE PLUCHE, 24

M DCCC XCV

*Extrait du tome XCV
des* Travaux de l'Académie de Reims,

*Tiré à part à 300 exemplaires,
aux frais du Comité de l'Exposition rétrospective
(Mai 1895).*

LE
MUSÉE LAPIDAIRE
RÉMOIS

Dans la Chapelle basse de l'Archevêché

(1865-1895)

Dispersa congrega,
Congregata conserva.

I. — Des Musées lapidaires en général, projets de création de celui de Reims.

La plupart des villes antiques de France ont à l'envi, depuis cinquante ans, construit, classé et enrichi leur Musée archéologique. Citer parmi les principaux de ces musées ceux de Lyon, de Bordeaux, de Sens, de Paris, de Caen, d'Autun, de Poitiers, d'Amiens, de Grenoble, etc., etc., c'est rappeler des efforts méritoires et couronnés de succès. Dans ces dépôts bien organisés, se conservent notamment tant de précieux débris des sculptures de tous les âges : les stèles de l'époque gallo-romaine, avec leurs bas-reliefs et leurs inscriptions dont l'intérêt va croissant à mesure que les découvertes épigraphiques se multiplient, les fragments mérovingiens et carolingiens, les chapiteaux si curieux du style roman et du style gothique, les retables, les statues, les pierres tombales, les enseignes, les décorations en tous genres du moyen âge et de la Renaissance, auxquels on joint partout les morceaux sculptés de même nature, plus récents et présentant quelque valeur, du xvii° et même du xviii° siècle. L'ensemble offre un coup d'œil varié et instructif pour toutes les classes de la société, tandis que les historiens et les érudits tirent de leur côté un profit particulier de ces richesses accumulées pour l'honneur de chaque cité et de la France entière.

A Reims, un mouvement analogue porta de longue date les esprits cultivés vers la conservation des objets antiques exhumés du sol ou conservés dans nos édifices. Déjà au vvii° siècle, Dom Marlot, Nicolas Bergier et Nicolas Colin s'intéressaient au sort du tombeau de Jovin, non moins qu'aux sépultures romaines assez fréquemment mises au jour ; Georges Baussonnet en dessinait le profil dans ses cartons (1), et un simple marchand bourgeois, Jean Maillefer, visitait dans l'élan d'une naïve admiration les belles voussures de l'Arc de Triomphe que Jean Colin allait graver en les accompagnant des vers élogieux de Santeuil (2). Au xviii° siècle, l'édilité rémoise préserva ce qu'elle put sauver des ruines de la porte Basée, quand l'introduction des eaux dans la ville nécessita sa démolition, et Lévesque de Pouilly veilla avec une réelle sollicitude sur les peintures chrétiennes du caveau de l'église Saint-Martin. Tous ces points pourraient être précisés dans

---

(1) Voir le recueil des dessins de Baussonnet à la Bibliothèque de Reims, f° 28 verso.

(2) *Mémoires de Jean Maillefer* (1611-1684), publiés à Reims en 1890, p. 234. — Les cuivres des vues de l'Arc de Triomphe, gravés par Colin, sont conservés aux Archives de Reims. *Catalogue de la Chalcographie de la Ville de Reims*, 1894, in-8°, p. 15.

le but d'établir la tradition conservatrice qui s'est manifestée depuis des siècles pour la sauvegarde des monuments vénérables de l'antiquité locale.

Cité gauloise, métropole de la Gaule-Belgique jusqu'au déclin du moyen âge, devenue depuis la plus grande ville moderne du nord-est de la France, Reims ne peut laisser déchoir, au XIXe siècle, son renom plus de vingt fois séculaire et le respect de son histoire. Elle doit recueillir, au contraire, les vestiges de son glorieux passé avec un soin de plus en plus généreux et jaloux. Si l'exemple de tant de villes françaises n'était là pour l'inspirer, elle pourrait prendre modèle sur ce qui se fait à nos frontières, à Trèves, son ancienne rivale, à Metz et à Strasbourg, ces villes sœurs arrachées à la patrie, où des mesures minutieuses sont prises pour ne rien laisser perdre de leurs vestiges antiques : *Fas est et ab hoste doceri*.

Mais pas n'est besoin de chercher des exemples ailleurs. Au début de notre siècle, alors que tant de ruines d'édifices religieux jonchaient encore le sol, la municipalité rémoise, qui s'était efforcée d'arracher l'église Saint-Nicaise à l'avidité de Santerre, son acquéreur, obtenait de l'État, en 1800, le transfert à ses frais dans la Cathédrale, nommée alors le Temple décadaire, du tombeau de Jovin et de la dalle de Libergier (1). Des architectes ou des dessinateurs comme Poterlet, comme L.-L. Perin, Perseval, Reimbeau-Duchesne, et plus tard J.-J. Maquart et Eugène Leblan, des chercheurs enthousiastes comme Povillon-Piérard et Lacatte-Joltrois, s'ingéniaient à protéger, à reproduire et à décrire ce

---

(1) *La Démolition de l'Église Saint-Nicaise*, 1791-1805, par A. LEBOURQ, Reims, 1883, in-8°, p. 60 et 61.

qui pouvait l'être encore des monuments détruits ou en cours de démolition. La ville donnait ordre à ses architectes et à ses voyers, MM. Serrurier et Brunette, de déposer au Musée les fragments sculptés et les curiosités quelconques. M. Brunette père, lors de la destruction des remparts, accumula d'abord dans l'ancien couvent des Carmes, puis sous l'Arc de Triomphe, tous les éléments d'un Musée lapidaire dont il eût voulu dignement construire l'abri. Ses plans et ses projets n'aboutirent pas, mais la plupart des pierres recueillies par ses soins subsistent intactes (1). Dès qu'un musée fut ouvert à l'Hôtel de Ville, sous l'administration de M. de Saint-Marceaux, quelques débris lapidaires y furent installés par M. Louis Paris, malgré l'exiguité du local : citons l'autel de *Cernunnos,* découvert dans l'ancienne prison Bonne-Semaine, des inscriptions romaines, les épitaphes recueillies aux Cordeliers, et les deux superbes retables du xvi° siècle encore exposés dans la grande galerie du Musée actuel.

Plusieurs amateurs, MM. Louis-Lucas, Gosset père, Maxe Werly, H. Paris, Tarbé, etc., secondèrent à l'envi le zèle officiel en bien des circonstances, et l'on se rappelle avec quelle habile énergie un antiquaire rémois, l'homme du monde le plus placide, M. Victor Duquénelle, fit intervenir Mérimée près du Chef de l'État pour maintenir debout l'unique et glorieux témoin du

---

(1) Voir les deux publications de M. Brunette père, pleines de renseignements sur ces faits : *Notice sur les Antiquités de Reims, les découvertes récemment faites, et les mesures adoptées pour la conservation des anciens Monuments de la Ville;* Reims, Brissart-Binet, 1861, in-8° de 80 pages. — *Souvenirs archéologiques et Notes relatives à l'état de la ville de Reims;* Meaux, G. Destouches, 1885, in-8° de 184 pages.

Reims gallo-romain, l'Arc de Triomphe de la porte Mars. Grâce à cette intervention, le péril fut conjuré et le monument consolidé sur ses bases.

Parfois latent, mais stimulé par intervalles, le goût de l'antiquité se trouva à Reims en plein réveil, on pourrait dire en pleine popularité, par la découverte de la grande mosaïque des Promenades en 1860. Un concours inouï de bonne volonté se manifesta spontanément alors, une souscription s'organisa presque d'elle-même pour continuer les fouilles et en préserver les résultats. L'Académie fondée en 1841, et toujours soucieuse de perpétuer le rôle des Marlot et des Bergier, provoqua une sorte d'enquête sur le meilleur mode de conservation du chef-d'œuvre si inopinément rendu à la lumière et à la célébrité qu'il mérite. Tandis que M. Ch. Loriquet, conservateur du Musée, secrétaire général de l'Académie, en expliquait les différentes scènes d'après les croquis de M. Deperthes, dans un ouvrage étendu de la plus haute érudition (1), M. Duquénelle prenait à tâche de démontrer la nécessité de conserver sur place cette grande page intéressante pour l'histoire autant que pour l'art rémois. On fit un plan du monument modeste qui s'élèverait au-dessus de la mosaïque, et qui abriterait en même temps tous les autres débris antiques exposés avec elle à l'attention du public dans cette partie des promenades voisines de l'Arc de Triomphe (2).

---

(1) *La Mosaïque des Promenades et autres trouvées à Reims*, par Ch. Loriquet, un volume grand in-8° avec planches, Reims, 1862.

(2) Les plans par terre et la coupe de ce Musée lapidaire en projet sont conservés à la Bibliothèque de Reims : on y voit figurer contre les murs le tombeau de Jovin, l'autel gallo-romain, des stèles, etc., etc. L'auteur de ces trois grands dessins teintés les a signés : *H. Chevalier fils, élève architecte, 1875*.

Le projet séduisit beaucoup de monde ; il fut discuté dans le sein du Congrès archéologique tenu à Reims en 1861 et approuvé par M. de Caumont, mais il fut combattu par M. Loriquet, jugeant préférable d'attendre l'installation d'un Musée à l'Hôtel de Ville, pour y transporter la mosaïque et grouper autour d'elle les collections lapidaires (1). L'Administration municipale ne prit pas parti dans le débat et ne tenta rien en faveur de la création du Musée lapidaire, si opportune et si peu dispendieuse à ce moment. L'enthousiasme se refroidit peu à peu, et les fouilles entreprises dans les Promenades n'aboutirent qu'à de minimes découvertes ; on se lassa d'espérer, et la mosaïque attendit sous une baraque en planches, et plus tard sous une couche de terre, sa translation à l'Hôtel de Ville, qui ne fut opérée qu'en 1885, sous l'administration de M. le Dr Henrot. Mais ce fut dans les combles, fort heureusement d'ailleurs, qu'elle put être remontée ; ce n'était point, comme l'avait espéré et conseillé M. Loriquet, au centre d'un musée lapidaire. Agrandi et terminé en 1880, le palais municipal suffisait à peine aux services publics, et il fallait renoncer à y établir les collections d'antiquités et de sculptures monumentales, comme l'avaient souhaité les archéologues de 1860. En dépit de leurs vœux, il avait fallu pourvoir ailleurs à la création de ce Musée lapidaire rémois, dont l'urgence s'imposait depuis si longtemps.

---

(1) Voir sur les péripéties du projet le chapitre ıx du livre de M. LORIQUET, cité plus haut, dans lequel il défend son opinion, et d'autre part le volume du *Congrès archéologique de 1861*, où M. DUQUÉNELLE fit prévaloir son avis, p. 36 à 55.

II. — Établissement d'un Musée lapidaire à l'Archevêché en 1864.

C'est dans la crypte ou plutôt chapelle basse de l'Archevêché que l'on put, de 1864 à 1866, grâce à la bienveillante proposition du cardinal Gousset, inaugurer un premier dépôt vraiment digne de Reims. L'Administration municipale, qui tenait également à seconder dans une certaine mesure les projets des archéologues, avait offert un local à la Maison de Retraite, en cours de construction ; mais ce local ne pouvait être que temporaire et semblait bien éloigné du centre de la ville. Une circonstance apportait au surplus une hâte bien légitime aux efforts de la commission d'archéologie nommée par l'Académie en 1864, de concert avec la Mairie (1). Il s'agissait, à cette époque, en effet, de déplacer le tombeau de Jovin de l'endroit qu'il occupait, depuis le commencement du siècle, au bas de la nef latérale du sud à la Cathédrale. Il y occupait un emplacement presque identique à celui qu'il avait eu auparavant dans l'église Saint-Nicaise. Les membres du clergé considéraient ce marbre précieux comme un hors-d'œuvre profane dans l'enceinte sacrée, et rien ne pouvait retarder sa sortie (2). A défaut d'un Musée, qui ne se cons-

(1) Lire la constitution et les statuts de cette commission dans les *Travaux de l'Académie de Reims*, t. XL, p. 421. — L'avis de la fondation d'un Musée archéologique à Reims, en 1864, sous les auspices de la Ville et de l'Académie, et sous la direction de MM. H. Paris, Ch. Loriquet, Duquénelle, Ch. Givelet, Pr. Tarbé, Gosset père et Reimbeau, se trouve mentionné dans la *Revue historique des Ardennes*, 2º livraison, 1864, p. 226-27.

(2) On lira avec plaisir et intérêt une notice de M. Lucien Monce, appuyée de documents inédits et intitulée : *Odyssée du Tombeau de Jovin*, dans la *Revue de Champagne et de Brie*, nov.-décembre 1894, p. 921-29.

truisait point, il fallait pourvoir d'urgence à sa réinstallation dans un autre endroit disponible, qui se trouva être la crypte, récemment abandonnée comme salle de catéchisme. On l'y amena, non sans peine ni embarras, aux frais de la ville, dans le courant de l'année 1865. M. Duquénelle en donna l'avis officiel à l'Académie, au commencement de l'année suivante (1).

Un grand pas était fait par cette translation du tombeau de Jovin, qui formait à lui seul le centre et la raison d'être d'un Musée lapidaire. On entrait donc dans la voie d'une solution pratique de la question à l'ordre du jour depuis cinq ans, et l'opinion se montra tout de suite favorable à cette organisation. Ce n'est pas néanmoins que toute difficulté fût aplanie par le choix du local : sa situation en contre-bas le rendait inaccessible en certains cas, ou du moins très difficile pour le transport des plus lourds monuments ; son obscurité et sa température glaciale ne pouvaient le rendre favorable aux visites du plus grand nombre des amateurs rémois ou des étrangers. N'importe, la publicité n'était qu'une question secondaire, l'essentiel était de sauvegarder tous les débris en péril, tous les fragments an-

---

(1) *Académie de Reims*, séance du 23 février 1866 : « M. Duquénelle annonce que, grâce à l'obligeante intervention de Son Eminence, la crypte de la Cathédrale sera mise à la disposition de la commission d'antiquités pour y installer le Musée archéologique. Le tombeau de Jovin vient d'y être transporté.

« M. le Président remerciera, au nom de l'Académie, Son Éminence, pour le concours qu'elle veut bien lui prêter, et l'Administration municipale, qui avait mis à la disposition de la Commission des locaux pour le dépôt provisoire des objets déjà en sa possession. » *Procès-verbaux des Séances*, 3º registre, année 1866. — La dépense de translation du tombeau de Jovin s'éleva à 500 fr., et fut payée seulement par la ville en 1872.

tiques, que le zèle des antiquaires saurait bien encore explorer et étudier dans ce lieu si vénérable par ses souvenirs.

Construite au début du xiii° siècle, probablement selon nous à la même date que l'abside de Notre-Dame, la chapelle de l'Archevêché est un charmant édifice gothique, composé, comme la Sainte-Chapelle de Paris, d'une chapelle haute et d'une chapelle basse, ouvrant l'une et l'autre dans l'intérieur du palais (1). L'édifice supérieur offre une grande élégance et beaucoup de légèreté; celui du dessous est au contraire d'une architecture plus simple, il est éclairé par des fenêtres cintrées, et se trouve maintenant en contre-bas par suite de l'exhaussement du sol dans le jardin de l'Archevêché. Mais l'architecture est la même pour les deux parties, qui ne forment qu'un tout et sont absolument contemporaines. Sans pièces d'archives à l'appui, leur histoire dans le cours des siècles, comme leur construction, nous sont peu connues. Plus obscures encore sont les notions sur les chapelles précédentes du palais à partir du v° ou vi° siècle. Tout ce que l'on connaît de plus certain par la tradition, c'est que la chapelle haute actuelle est placée sous le vocable de Saint-Nicolas, et la chapelle basse sous le vocable de Saint-Pierre.

Ce vocable de Saint-Pierre était déjà celui de l'ancienne chapelle du palais, aux temps d'Hincmar et de Flodoard. D'après un manuscrit de la fin du xiii° siècle et un processionnal de 1624, le Chapitre y faisait une

---

(1) Voir sa description avec 6 plans et coupes par M. Amé, dans les *Annales archéologiques* de Didron, 1855, tome xv, p. 213 à 222. — Une nouvelle étude par M. Em. Dufay figurait à l'Exposition des Amis des Arts de Reims, en 1892, avec 4 planches et notice, n° 313 du catalogue, p. 70.

station le mercredi des cendres et y chantait des répons en l'honneur du prince des Apôtres (1).

Cette chapelle basse se compose d'une abside à sept pans et d'une nef de quatre travées, le tout recouvert d'une voûte d'ogive avec nervures reposant sur des consoles sculptées. On y accède par une porte en arc brisé, dont le tympan est supporté par deux colonnettes ornées de chapiteaux du xiii siècle. L'ensemble appartient à la même époque et offre les dimensions suivantes : Longueur intérieure totale de l'édifice, 18 mètres, dont 12 mètres 30 pour la nef et 5 mètres 70 pour l'abside ; — Largeur, 6 mètres 45 ; — Hauteur sous voûte, 6 mètres 80. Le sanctuaire est exhaussé de deux marches au-dessus de la nef ; la voûte est en bon état, les murailles sont par endroits atteintes par l'humidité du sol.

A la suite de la transformation de l'Archevêché en Palais de Justice (1794-1824), les deux chapelles, qui avaient alors servi de prisons, n'offraient plus que des traces de leur destination ancienne. On restaura la chapelle haute, de 1825 à 1830, et on la rendit immédiatement au culte ; la chapelle basse, au contraire, était restée simplement un lieu de débarras, que l'on tenta en vain d'affecter, vers 1860, aux catéchismes de la paroisse Notre-Dame, comme nous l'indiquions plus haut. Son état d'humidité y fit promptement renoncer, mais cette raison ne fit pas obstacle à l'installation du Musée lapidaire en 1865. Au contraire, cette destination fut trouvée la meilleure et la seule durable depuis lors.

---

(1) Bibliothèque de Reims, voir un Ordinaire de la Cathédrale, ms. coté C. 174/185, nouveau classement, n° 327, f° 15 verso, où elle est ainsi désignée : « Capellam archiepiscopalem inferiorem seu oratorium Sancti Petri. » — *Catalogue du Cabinet de Reims*, tome 1er, p. 23, n° 64, *Processionale insignis ecclesiæ Remensis*, 1624.

CHAPELLE BASSE DE L'ARCHEVÊCHÉ DE REIMS
Musée lapidaire Rémois.
1895

Aussitôt le transport du tombeau de Jovin (1), qui occupa la place d'honneur au fond de l'édifice, des séries considérables de sculptures vinrent se ranger autour des murs sur des gradins en planches qui furent disposés par la Commission d'archéologie de l'Académie (2). Un escalier en bois fut créé, et une porte percée du côté nord pour donner accès dans la cour qui sépare l'abside de Notre-Dame de la rue du Cloître. Grâce à cette issue favorable, on descendit plus facilement les objets que par le grand escalier du palais. Mais des frais assez élevés étaient néanmoins engagés, et la Commission ne put y faire face que par le produit d'une souscription qui atteignit environ le chiffre de mille francs. La ville accepta plus tard à son compte la dépense du transfert du marbre de Jovin, et de la sorte l'équilibre s'établit entre les ressources et les besoins du Musée à son début. C'est particulièrement à M. Duquénelle comme vice-président, et à M. Ch. Givelet comme trésorier, que ces heureux résultats furent dus. Une large part de coopération fut également prise par MM. Ch. Loriquet, Reimbeau, Gosset père et l'abbé Cerf, à la prévoyance desquels nous sommes redevables des dons nombreux qui affluèrent et du classement qui présida à l'arrangement matériel dès l'origine.

On sollicita, en effet, dans toute la contrée, le don des

(1) Le tombeau de Jovin est la pièce capitale du Musée rémois ; il a donné lieu à de nombreuses dissertations dont les plus récentes et les plus érudites sont dues à M. Ch. Loriquet : *Reims pendant la domination romaine d'après les inscriptions, avec une dissertation sur le tombeau de Jovin*, in-8°, 1860, et *Le tombeau de Jovin à Reims*, 3ᵉ édit., 1880.

(2) Ces gradins, qui permettent une exposition très favorable à la vue, ont été réparés, en 1885 et en 1894, aux frais de l'Académie de Reims, sous la surveillance de M. Ed. Lamy.

divers débris d'anciens monuments de toutes sortes, et cette correspondance préluda fort utilement aux négociations qui aboutirent plus tard à l'organisation de la belle Exposition rétrospective régionale qui eut une si heureuse influence sur l'art en Champagne. On travailla ainsi sans interruption, sauf celle que causa la désastreuse invasion de 1870-71 et ses suites, à développer et à embellir le musée lapidaire. Il fallut d'abord trouver des fonds pour l'aménagement du local, et la Commission s'adjoignit quinze Membres fondateurs qui apportèrent chacun cent francs : Son Ém. le cardinal Gousset en tête, et MM. Werlé, F. Clicquot, Pr. Tarbé, V. Duquénelle, Ch. Givelet, Ach. Senart, Isaac Holden, Lachappelle-Croutelle, A. Gerbaux, Rome père, Édouard Forest, Lanson aîné, Gosset père et Léon Provin. En outre, on recueillit les souscriptions particulières de MM. Didier-Brice, Camuset, S. Jacquenet, Becker, Berlet et Buirette aîné. Ces ressources furent rapidement employées en travaux d'aménagement exécutés par M. Bouchard, entrepreneur, et payés par M. Duquénelle, pour la somme de 1,046 francs. Le transport des objets donnés et leur installation, le nettoyage et l'entretien, nécessitèrent beaucoup d'autres dépenses, soldées de même par la Commission. Ainsi, on remonta pièce par pièce la belle cheminée Louis XIII offerte par M. Sibire au Musée. La Ville, comme nous l'avons dit plus haut, solda, en 1872, les frais de transport du tombeau de Jovin, montant à 500 francs, affirmant ainsi de nouveau ses droits sur ce monument, et témoignant en même temps sa gratitude pour le zèle dont avait fait preuve depuis six ans la Commission d'archéologie (1).

(1) Procès-verbaux des séances de l'Académie de Reims, à la date des 12 janvier et 12 avril 1872.

Tant d'efforts avaient abouti à créer une collection d'un réel intérêt, dont le premier catalogue sommaire fut publié en 1876 dans le relevé des richesses d'art accumulées pour quelques mois à Reims, dans le palais de l'Archevêché (1).

A ce moment, la Ville avait notablement accru les séries antiques en faisant transporter dans la crypte quelques inscriptions romaines et les plus précieux débris entassés sous l'Arc de Triomphe depuis de longues années. Ce lot important venait s'ajouter aux sculptures du moyen âge déjà recueillies et provenant de l'ancien Hôtel-Dieu, de la cathédrale, de la maison de Jean Godart, aux cheminées à grands manteaux des maisons de la rue Saint-Étienne et de Tambour, aux chapiteaux transportés de Saint-Thierry et du Mont-Notre-Dame par les soins de M. Ch. Givelet, aux carreaux vernissés offerts à M. Duquénelle, etc., etc. On atteignait bientôt la limite de ce que pouvait contenir le local si heureusement utilisé. Le pourtour des murs, l'abside, le milieu de la nef de cette chapelle basse étaient garnis de manière à ne laisser que le passage nécessaire au visiteur (2).

(1) *Ville de Reims, Exposition rétrospective. Catalogue des objets d'art et de curiosité, tableaux, dessins, tapisseries, etc., exposés dans les salles et salons du Palais archiépiscopal, le 24 avril 1876,* 3º édition, revue et augmentée d'un Supplément, Reims, Impr. Dufour et Keller, 1876. — On y trouve (pages 241 à 245), une suite d'articles sous les nºˢ 3774 à 3858, qui font partie du « Musée d'archéologie établi par l'Académie dans la crypte de l'Archevêché et continué par la Commission archéologique », parmi lesquels sont désignés le tombeau de Jovin, les autels antiques, les statues et inscriptions du moyen âge, etc, etc., avec l'indication de quelques provenances.

(2) Le Musée de la crypte n'a jamais eu d'heures régulières

III. — Établissement d'annexes du Musée lapidaire à l'Hôtel de Ville et à Clairmarais en 1883, leur insuffisance actuelle.

L'Académie de Reims, sans avoir pu participer directement aux dépenses d'organisation du Musée, ne s'était jamais désintéressée de l'œuvre de la Commission prise dans son sein. Elle voulut même acquérir à ses frais, alors que le Musée de la ville ne pouvait s'en charger seul, plusieurs stèles antiques avec inscriptions, et autres débris de sculptures mises au jour à la Haubette, au faubourg de Laon et au faubourg Cérès, de 1880 à 1885. Son but, bien désintéressé, était d'affirmer à tout instant son zèle pour la continuation de l'entreprise de 1864, en dépit des vides si nombreux qui s'étaient produits dans les rangs de la Commission primitive, dont les seuls survivants aujourd'hui sont **MM. H. Paris et Ch. Givelet.**

L'Administration municipale, de son côté, tout en différant le projet de création d'un Musée définitif, ne voulut pas rester indifférente aux appels qui lui furent adressés avec une persistante ténacité en faveur de la conservation des antiquités nouvellement exhumées du vieux sol de Reims, remué en tous sens par l'agrandissement de la ville. Le 2 décembre 1882, une nouvelle Commission d'archéologie, convoquée par l'Académie chez M. Duquénelle, émettait un double vœu, qu'elle considérait comme absolument urgent, l'un pour la

---

d'ouverture au public, comme l'avaient désiré ses fondateurs en perçant une porte latérale à cet effet. Des motifs de convenance s'y opposèrent. Mais le Musée fut constamment visible pour tous les Rémois et les étrangers, en s'adressant au concierge de l'Archevêché.

restauration de la Mosaïque des Promenades, qui aboutit en 1885, l'autre pour l'aménagement immédiat d'un nouveau local pour les collections lapidaires, en présence de l'insuffisance reconnue de la chapelle basse de l'Archevêché (1). Transmis à l'Autorité municipale, ce dernier vœu était accueilli avec sollicitude par M. le Dr O. Doyen, alors maire de Reims, et par M. L. Mennesson-Champagne, l'adjoint chargé de la surveillance des Musées. Par leurs ordres et par les soins de M. Ernest Brunette, architecte de la Ville, l'un des sous-sols de l'Hôtel de Ville fut disposé à cet effet d'une manière satisfaisante, et sert encore aujourd'hui, bien que comble déjà. On y remarque des tombes antiques en plomb, des stèles en très grand nombre, des débris de mosaïques, des sculptures carolingiennes, romanes, gothiques et de la Renaissance.

L'essentiel était obtenu. Mais comme les plus lourdes pierres ne pouvaient être descendues dans ce sous-sol, il fallut, presque en même temps, créer dans l'écurie de Clairmarais, appartenant à la Ville, un lieu de débarras d'un accès plus facile et moins coûteux, bien qu'éloigné du centre de nos collections (2). Là furent déposés immédiatement, en 1884, les derniers débris antiques restés sous l'Arc de Triomphe, où ils étaient exposés à la gelée et aux immondices de tous genres ; puis vinrent s'y joindre les sarcophages et les stèles romaines, les pierres tombales et les frises offertes par l'Académie,

---

(1) Étaient présents à cette réunion, MM. Ch. Loriquet, Ch. Givelet, Duquénelle, V. Diancourt, A. Gosset, L. Demaison, H. Jadart. M. l'abbé Cerf envoya son adhésion et son vote motivé.

(2) Voir sur ces questions de locaux et leur appropriation les procès-verbaux des séances de l'Académie des 24 novembre, 8 et 22 décembre 1882.

par les Ponts-et-Chaussées, par le Génie, par la Voirie municipale, par MM. Louis-Lucas, H. Picart, G. Goulet, E. Courmeaux, Bouton, F. Langlet, etc. On y rencontre les morceaux sculptés de la façade de l'ancien théâtre, des restes gothiques du couvent des Augustins, l'inscription d'Helvide, du xiie siècle, des taques en fonte, et bien d'autres pièces qui remplissent maintenant en entier l'unique travée du fond, concédée par l'Administration municipale. Bien que le plus d'ordre possible et de méthode ait été apporté au premier classement, les apports fréquents d'objets de toute provenance ont amené dans ce local un pêle-mêle et un encombrement qui n'est pas un effet de l'art (1).

Il existe donc, pour le Musée lapidaire de Reims, trois locaux également pleins, ou, si l'on peut s'exprimer ainsi, trois tronçons d'un Musée en quête d'unité, de régularité et de classement : *E tribus fiat unum!* Mais cette unité ne se fera pas d'elle-même, ni avec le seul concours des bonnes volontés particulières ; il faut, pour l'obtenir, la création d'un unique et vaste local, construit et aménagé avec une grande simplicité sans doute, mais à l'aide d'un budget normal, tel que la Ville peut seule en constituer un sur ses ressources affectées aux Beaux-Arts. L'Académie n'a jamais négligé sa tâche à cet égard, et la Ville ne peut abandonner la sienne.

La question est plus urgente que jamais. L'édilité perce des rues, les particuliers détruisent les vieux

---

(1) Procès-verbal de la séance de l'Académie du 10 juillet 1885. — Ajoutons qu'une photographie partielle du dépôt de Clairmarais a été prise par M. le capitaine Espérandieu, en 1893, et que la crypte a été photographiée en son entier par M. Trompette vers 1889, grande planche, dont une épreuve fut offerte à l'Académie par cet artiste regretté. Elle est ici reproduite, p. 10.

logis à l'envi, la Ville se renouvelle et s'étend partout : on ne peut arrêter ce mouvement, on ne peut qu'en prévenir les effets désastreux. On a recueilli à la crypte des inscriptions du xiie siècle qui pavaient le corridor d'une maison de la rue Sainte-Catherine, des fragments d'épitaphes et de statues mises au jour en construisant la chapelle du Bon-Pasteur, des enseignes du moyen âge si malheureusement enlevées des tympans qu'elles décoraient : *Le Coq à la Poule*, rue Neuve, et le *Combat de l'Ours*, rue du Bourg-Saint-Denis. Voilà de précieux débris sauvegardés, mais combien d'autres sont anéantis ? L'an dernier, on démolissait une vieille maison de laboureur à l'enseigne de la Gerbe, rue de Béthény, n° 4, et cet écu rustique s'en alla en moëllons. Hier encore, on abattait, rue de Monsieur, n° 45, une façade pittoresque du xvie siècle (1), et rue Sainte-Marguerite, n° 33, une riche devanture du xviiie siècle. Faute de place et de surveillance, ces débris ont disparu. En notre siècle de rénovation, qui garantirait une longue durée d'avenir aux façades des maisons historiques de la rue de Tambour et aux décorations intérieures du bel hôtel de la rue du Marc, n° 1 (2) ? Que deviendront ces merveilles de l'art rémois ?

Personne ne déplore plus que nous la nécessité où l'on se trouve de recueillir dans des musées des morceaux détachés de sculpture, infiniment mieux placés à

---

(1) La maison de la rue de Monsieur, portant la date de 1585, a été étudiée et reproduite dans *Les Monuments historiques de Reims*, par E. LEBLAN, 1882.

(2) Ce dernier hôtel vient d'être acquis par M. Belleau, et il va être restauré avec la sollicitude qu'il mérite. Ses principales décorations ont été d'ailleurs photographiées par M. Véroudart, en 1894.

l'endroit pour lequel ils ont été faits. Il vaut mille fois mieux garder, tant qu'on le peut, les choses à leur place primitive et naturelle, ainsi que le démontrait un critique d'art irrécusable, dont nous donnons les conclusions.

M. Jules Guiffrey, rendant compte de l'ouvrage de M. Léon Palustre, *La Renaissance en France,* s'exprimait en ces termes, au sujet de la translation dans les musées de fragments de monuments dépecés dans ce but vraiment barbare : « Ceux qui s'autorisent du précédent et de l'exemple d'Alexandre Lenoir pour attirer dans les collections publiques les ruines des monuments du passé, ne tiennent compte ni des circonstances, ni des temps. Que les musées recueillent les épaves du passé, rien de mieux ; mais qu'ils contribuent, pour s'enrichir, à la destruction de monuments encore solides et intacts, c'est ce qu'on ne saurait admettre. Les musées devraient être seulement les nécropoles des œuvres d'art ayant perdu leur existence propre. Autrefois, le musée, comme on le conçoit aujourd'hui, n'existait pas. L'œuvre d'art avait une destination et une place déterminée ; elle était conçue pour décorer une chapelle, un tombeau, un hôtel de ville, une place publique, une fontaine. Déplacez-la, elle perd la plus grande partie de sa valeur et de sa signification. Elle devient une sorte de cadavre sans vie, sans expression. Qu'on lui accorde, comme dernier asile, quelque place obscure dans un coin de musée, soit ! mais à la condition que l'édifice, le milieu pour lequel elle a été créée, n'existe plus. Sinon, son déplacement, fût-ce pour enrichir une collection publique, est une pure profanation, un acte de vandalisme à l'égal de ceux que l'on reproche, avec juste raison, aux époques d'effervescence religieuse ou politique. Car, il ne faut pas non plus l'oublier, les guerres de religion ont causé tout autant de ruines que les violences révolutionnaires. Seulement, il est commode et habile d'imputer à ces dernières toutes les dévastations du passé, même celles qui sont simplement le fait des architectes chargés de la conservation des monuments, qu'ils détruisent pour les reconstruire (1). » Conservons donc nos monuments, nos rues, nos maisons, nos églises avec un soin jaloux; mais si le temps abat sur eux sa faux, ou si la main des hommes, plus cruelle encore, les renverse, soyons prêts pour en sauver les vestiges (2).

IV. — Catalogue du Musée de la Chapelle basse de l'Archevêché, son utilité et ses divisions.

Après avoir parcouru les divers dépôts affectés à nos antiquités, nous revenons au principal, à celui de la première heure, au plus aimé, à celui dit de la *Crypte,* et au seul que l'on puisse faire visiter utilement et qu'il nous soit facile de classer complétement et de cataloguer. Les fiches de ce catalogue ont été dressées, dès 1888, par MM. Givelet, Demaison et Jadart, d'après les indications qu'ils avaient recueillies de MM. Loriquet, Duquénelle et l'abbé Cerf. Il s'en faut que leur travail soit complet et achevé quant à la description de chaque

(1) *Bibliothèque de l'École des Chartes,* juillet-octobre 1889, p. 457.
(2) Le *Photo-Club de Reims* a pris, en 1894, sur l'initiative de MM. A. Marteau, A. Benoist et Véroudart, la résolution de photographier tous les monuments en péril, et a même publié la liste de tous ceux qui subsistent et peuvent être utilement reproduits dans l'arrondissement de Reims. Plaquette in-24, *Reims, Marguin,* 1894.

objet et à la bibliographie qui devrait l'accompagner, mais il y a urgence à publier quand même l'inventaire sommaire de ce dépôt (1). Il importe d'en posséder la connaissance exacte à l'aide d'un état nominatif, aussi détaillé que possible, des objets groupés depuis trente ans. C'est une revue indispensable à passer, une revue qui fixera les souvenirs et permettra de reconstituer plus tard, dans un Musée archéologique unique, une collection comprenant plus de deux cents articles, et qui compte parmi les mieux pourvues de la France (2).

Pour garder à ce catalogue son caractère local, nous n'en avons pas cependant écarté les pièces de provenance étrangère à la ville de Reims et au pays rémois. Il ne se trouve d'ailleurs en ce genre que deux pièces étrusques de la collection Campana. Pour le reste, c'est à dire pour la collection rémoise, nous avons rencontré toute faite une excellente classification (3).

Elle est d'ailleurs indiquée par la chronologie des époques successives de l'art :

I. — *Époque antique.*

Inscriptions, colonnes, cippes et stèles, monuments et débris de diverses natures (38 articles).

---

(1) Il y aurait urgence également à publier l'inventaire des dépôts de l'Hôtel de Ville et de Clairmarais, mais trop d'éléments nous manquent pour le tenter encore.

(2) Elle comprend, outre les antiquités lapidaires proprement dites, quelques objets en terre cuite, bois et cuivre, que nous avons également catalogués.

(3) Modèle d'un *Catalogue du Musée lapidaire de Reims*, dans les *Mémoires de la Société des Antiquaires de l'Ouest*, 2° série, tome VI, année 1883, p. 459-547, où se trouve le *Catalogue du Musée de la Société des Antiquaires de l'Ouest*, GALERIE LAPIDAIRE, rédigé par M. Bélisaire Ledain.

II. — *Époque romane, des* XIe *et* XIIe *siècles.*

Chapiteaux, tympans, inscriptions (41 articles).

III. — *Époque gothique, du* XIIIe *au* XVIe *siècle.*

Mêmes séries qu'à l'époque précédente; enseignes, cheminées, épitaphes (66 articles).

IV. — *Renaissance et temps modernes, du* XVIe *au* XVIIIe *siècle.*

Mêmes séries (57 articles).

La description sommaire de chaque objet, ou d'une série d'objets similaires, sera suivie des dimensions, de quelques renseignements sur la provenance, les donateurs, les auteurs qui en ont parlé ou l'ont reproduit. Nous donnerons, autant que possible, le texte de toutes les inscriptions, bien qu'elles soient destinées à figurer en entier dans les divers fascicules du Répertoire archéologique que nous avons entrepris pour la ville et l'arrondissement. Ce n'est pas trop de publier ces textes dans les divers recueils épigraphiques, comme on le fait à Paris pour toutes les anciennes épitaphes (1).

Enfin, nous aurions voulu accompagner la nomenclature des articles de quelques figures et fac-similés, mais l'urgence du travail et le peu de ressources dont nous disposons ne permettent point ce luxe, que nous

---

(1) Histoire générale de Paris. — *Épitaphier du vieux Paris*, recueil général des inscriptions funéraires des églises, couvents, collèges, hospices, cimetières et charniers, depuis le moyen âge jusqu'à la fin du XVIIIe siècle, formé et publié par ÉMILE RAUNIÉ. — *Paris, Imprimerie nationale*, tome I, 1890; tome II, 1893. Gr. in-4° avec figures et plans.

chercherons à remplacer par la clarté et la précision. Puisse notre essai inspirer le respect de l'œuvre entreprise par nos devanciers, et propager chez nos concitoyens la ferme volonté de la maintenir intacte et de l'accroître toujours sans la laisser jamais amoindrir !

H. JADART.

Reims, le 15 octobre 1893.

Depuis que nous avons écrit ces lignes, un nouveau projet de Musée général, comprenant par conséquent un Musée lapidaire, a été proposé par l'Administration au Conseil municipal (séance du 5 mai 1894). Ce Musée serait construit, à l'aide d'un emprunt spécial de 700,000 fr., sur le terrain du Boulingrin ; mais la réalisation du projet est forcément lointaine par suite des formalités administratives et des questions budgétaires en jeu.

— De son côté, le Président de l'Académie, M. V. Duchâtaux, dans son discours d'ouverture de la séance publique du 19 juillet 1894, a émis le vœu de la construction d'un Musée lapidaire, dont il a démontré l'urgence, le haut intérêt et la grande valeur d'avenir pour la Ville (1).

Un autre événement heureux vient de se manifester, celui de l'organisation d'une nouvelle Exposition rétrospective dans le Palais de l'Archevêché, à l'occasion de la tenue à Reims d'un Concours régional agricole, au mois de juin 1895. Naturellement, le Musée lapidaire

---

(1) *Travaux de l'Académie de Reims*, t. XCV, p. 1.

de la chapelle basse redevient l'une des attractions de ce bel ensemble de collections et de meubles historiques et artistiques que l'on veut réunir dans la chapelle haute et les salons voisins. Aussi, la nécessité d'offrir au public un Catalogue complet des séries lapidaires de tous les âges s'imposa au Comité d'organisation, dont M. Léon Morel avait été nommé le commissaire général. Dans sa séance du 3 avril 1895, il en vota l'édition, de concert avec l'Académie de Reims, qui s'est associée à cette œuvre d'intérêt général, de la première heure à la dernière.

H. J.

Reims, le 8 avril 1895.

CHAPITRE PREMIER

ÉPOQUE ANTIQUE

I

Antiquités étrusques

N° 1

Sarcophage étrusque en albâtre représentant des tritons.
Hauteur, 0m27; longueur, 0m86; largeur, 0m22.
Provient de la collection Campana. Don de l'État.

N° 2

Urne étrusque en terre cuite, en forme de sarcophage.

Sur la face antérieure est un bas-relief représentant une lutte entre deux guerriers. Près d'eux sont deux génies ailés portant des flambeaux.

Sur le couvercle est une figure de femme couchée, dont la tête est appuyée sur des coussins.

Hauteur, 0m36; longueur, 0m40; largeur, 0m20.
Provient de la collection Campana. Don de l'Etat.

II

Antiquités gallo-romaines, Monuments du culte

N° 3

Autel gallo-romain à quatre faces, sur chacune desquelles est sculpté un groupe de deux divinités.

Le sommet de ce monument est brisé, et les sculptures de l'une des faces sont aussi presque entièrement détruites. On distingue sur les trois autres côtés :

1° Hercule et Vénus. Hercule a la main droite appuyée sur sa massue, et le bras gauche posé sur l'épaule de la déesse.

2° Mercure avec ses attributs, et à sa gauche une divinité féminine revêtue d'une tunique (Rosmerta?). Les têtes de ces deux figures sont mutilées.

3° Mars, en costume de guerrier, la main gauche appuyée sur un bouclier, et à ses côtés, une Victoire.

Hauteur, 1m05 ; largeur à la base, 0m65.

Trouvé rue du Levant, chez MM. Henriot frères. (BRUNETTE, *Notice sur les antiquités de Reims*, p. 40.)

N° 4

Autel gallo-romain à quatre faces, mutilé à sa partie supérieure.

Sur chacune des faces est représentée une divinité :

1° Jupiter nu, tenant d'une main la foudre, et de l'autre une lance.

2° Dieu à deux visages, vêtu d'une tunique courte, tenant un disque de la main droite et appuyé de la main gauche sur un bâton. L'un des visages est jeune et imberbe, l'autre est barbu. Un moulage de cette figure est au Musée de Saint-Germain (n° 24,416).

3° Mercure nu, tenant un caducée de la main droite et une corne d'abondance de la main gauche ; à ses pieds est une lyre.

4° Victoire debout, appuyant le pied gauche sur un globe ; près d'elle est un chien.

Hauteur, 0m85 ; largeur, 0m58.

Trouvé rue du Temple par M. Tortrat, et offert par lui au Musée. (BRUNETTE, *Notice*, p. 41.)

N° 5

Autel gallo-romain à quatre faces, également mutilé à sa partie supérieure.

Sur chacune des faces est sculptée une divinité :

1° Mercure barbu, vêtu d'une tunique, tenant une bourse de la main droite et un caducée de la main gauche.

2° Hercule nu, la main droite appuyée sur une massue, avec une draperie pendante sur le bras gauche.

3° Mars nu, figure très mutilée.

4° Victoire, figure drapée entièrement fruste.

Hauteur, 0^m65; largeur, 0^m38.

Trouvé rue Cotta. (*Catalogue de l'Exposition rétrospective de Reims*, 1876, 3e édit., p. 242.)

N° 5 bis

Autel gallo-romain à quatre faces, dont trois seulement sont sculptées.

Sur le côté principal, par devant, est un visage barbu, représenté de face ; sur l'un des côtés latéraux, à gauche, on voit un visage imberbe, aussi de face, et sur l'autre, à droite, un visage imberbe de profil. Ces trois visages paraissent avoir quelque rapport avec les divinités tricéphales, figurées sur les autels du Musée de l'Hôtel de Ville (1).

Une tête de bélier est représentée sur la partie supérieure de l'autel.

Hauteur, 0^m67 ; largeur, 0^m45.

---

(1) Ces autels sont au nombre de huit. Six d'entre eux proviennent de la collection Duquénelle. Le septième, trouvé à Reims vers 1845, a été offert par M. Gourmeaux, bibliothécaire de la ville. Le huitième a été découvert en 1889 dans un terrain de la rue Noël.

N° **6**

Cybèle, statue de la déesse assise, coiffée d'une couronne murale, tenant une corne d'abondance de la main gauche; la partie inférieure du corps manque actuellement. — Trouvée complète, en deux morceaux, dans les fondations du rempart près la Porte de Mars, en 1865, et donnée en cet état par

M. Menu-Picart au Musée. (Voir une note de M. Léon MOREL dans les *Travaux de l'Académie de Reims*, tome XCIII, p. 177.)

Hauteur, 0m40.

Le Musée archéologique de l'Hôtel de Ville possède quatre autres statues de Cybèle, trouvées également à Reims, et dont M. Ch. Loriquet avait fait exécuter des figures en 1883, pour les joindre à une étude sur Cybèle qu'il n'a point publiée. Il voulait combattre l'opinion erronée de ceux qui considéraient alors ces statues comme des représentations de

Cérès. Nous reproduisons ces dessins. (Cf. *Dictionnaire des antiquités*, de MM. Daremberg et Saglio, p. 1687.)

Deux de ces statues ont été mises au jour vers 1850

au faubourg Cérès, dans les terrains de l'Orphelinat de Bethléem; elles mesurent l'une 0ᵐ32 de hauteur, et l'autre 0ᵐ20; elles sont en assez bon état et peuvent être comparées aux autres types trouvés ailleurs.

Les deux autres statues, dont le lieu de découverte ne nous est pas connu, ont souffert des mutilations. L'une, de 0ᵐ50 de

hauteur, a perdu sa corne d'abondance, et l'autre, de 0ᵐ30 de hauteur, est brisée en deux tronçons et a le visage enlevé.

Ces cinq statues sont presque identiques quant à leur pose et à leurs attributs.

III

Monuments funéraires

N° 7

Sarcophage antique en marbre blanc, connu sous le nom de *Tombeau de Jovin*, conservé jusqu'à la Révolution dans l'église Saint-Nicaise de Reims.

Ce sarcophage, qui offre la représentation d'une chasse, est sculpté sur trois côtés. La scène principale, d'une excellente exécution, se développe sur la face antérieure ; des bas-reliefs

traités d'une façon assez sommaire continuent le sujet sur les faces latérales.

On voit d'abord, à gauche, le départ pour la chasse du héros, du personnage qui joue ici dans l'action le premier rôle. Il est debout, à côté d'un cheval qu'un serviteur retient par la bride. Puis on le retrouve à cheval, frappant un lion avec une lance, et accompagné d'une figure symbolique représentant la Valeur sous les traits d'une femme armée et coiffée d'un casque. (Une figure exactement semblable existe sur le revers de certaines monnaies d'Hadrien et de Commode, à la légende VIRTVTI AVGVSTI, où l'on voit l'empereur à cheval, perçant un lion de sa lance. Cette analogie est frappante et nous fournit ici une interprétation très sûre.)

Sur la droite est un groupe de personnages qui prennent part à la chasse. Ce sont des barbares aux types et aux costumes tout à fait caractéristiques.

Ces scènes de chasse sont fréquentes sur les sarcophages antiques. Une chasse au lion était reproduite sur le tombeau dit de Carloman, placé jusqu'à la Révolution dans l'église Saint-Remi de Reims, et dont on n'a malheureusement conservé aucune figure. Ce sujet se rencontre aussi sur un sarcophage de l'église Sainte-Aphrodise de Béziers. Le sarcophage de saint Ludre, à Déols (Indre), est aussi de la même famille. Enfin, les musées ont d'assez nombreux monuments rentrant dans cette catégorie. Le musée du Louvre, en particulier, possède un sarcophage, plus récent et d'un moins bon style que le tombeau de Jovin, mais offrant avec lui la plus grande ressemblance, quant à la composition, à la physionomie des personnages et à la manière dont les scènes sont traitées (1).

Nous sommes donc en présence d'un véritable lieu commun, auquel on aurait tort de vouloir attribuer une signification

---

(1) Dans le sarcophage du Louvre, le personnage principal est aussi représenté deux fois. Les têtes des deux figures, réservées dans l'œuvre primitive, ont été sculptées après coup à l'image du défunt auquel le monument était destiné; elles sont d'une autre main que le reste. Nous devons ces détails à l'obligeance de M. Héron de Villefosse, conservateur au Musée du Louvre. — La même particularité s'observe dans le tombeau de Jovin. — Le sarcophage du Louvre est figuré dans Clarac, *Musée de sculpture*, pl. 151. M. de Villefosse a bien voulu aussi en procurer une bonne photographie à la Bibliothèque de Reims.

précise. Les sculpteurs qui retraçaient ces chasses sur les sarcophages ont peut-être voulu faire allusion au courage du défunt, ou le représenter dans l'exercice d'une de ses occupations préférées (1). Mais il faut observer aussi qu'ils devaient avoir souvent dans leurs ateliers des monuments préparés d'avance, sur lesquels ils adaptaient des sujets de pure fantaisie, sans caractère symbolique et sans rapport direct avec la destination funéraire. Ainsi que le fait remarquer M. Palustre *(Bulletin monumental,* 1873, p. 191), il est inutile de se perdre en conjectures, « là où il ne faut voir que de simples poncifs ».

Notre sarcophage paraît être bien antérieur à Jovin, mort vers 370. M. Hübner pense qu'il peut être de l'époque de Trajan *(Zu den Alterthümern von Reims,* Bonn, 1867). M. Loriquet l'attribue au temps des Antonins *(Le Tombeau de Jovin,* p. 37). La tradition qui le rattache au célèbre consul, fondateur de la basilique de Saint-Agricole, remplacée plus tard par l'église Saint-Nicaise, n'est confirmée par aucun témoignage ancien et n'offre point de certitude. Elle n'a rien pourtant d'invraisemblable, et l'on peut admettre que les restes de Jovin ont été déposés dans un sarcophage d'une date notablement plus ancienne et affecté primitivement à une autre destination. Le fait s'est produit ailleurs, et l'on pourrait en citer plusieurs exemples.

Hauteur, 1m50 ; longueur, 2m84 ; largeur 1m40.

(1) Cf. W. HELBIG, *Annali dell' Instituto di corresp. archeol.,* 1863, p. 94.

Un léger pilastre, à l'angle gauche, soutient la corniche du monument. L'encoignure, au-dessus de ce pilastre, est ornée de la figure d'un fleuve.

Hauteur, 0m18 ; largeur, 0m30.

N° 8

Stèle funéraire offrant, dans une niche carrée, la figure très curieuse d'un artisan dans l'exercice de son métier. A cheval sur un banc, il paraît occupé à confectionner un sabot. Un peu plus haut, sur le côté, est un râtelier auquel sont accrochés les outils de sa profession. D'autres outils sont posés dans une corbeille placée sous le banc.

Les faces latérales du monument sont ornées de feuillages sculptés avec une certaine élégance.

Hauteur, 1m ; largeur, 0m73 ; épaisseur, 0m32.

Trouvée en décembre 1852 dans un cimetière gallo-romain, à l'extrémité du faubourg Cérès. (BRUNETTE, *Notice sur les antiquités de Reims*, p. 69.)

Un moulage de cette stèle est au Musée de Saint-Germain (n° 24,415).

N° 9

Cippe funéraire sculpté sur trois faces, incomplet à sa partie inférieure.

La face de devant, assez profondément échancrée, présente la figure de deux personnages qui se détachent sur une draperie sculptée.

Sur la face de droite, on voit un drapier debout, tenant de la main gauche l'extrémité d'une pièce d'étoffe étalée sur une table carrée, et maniant de grands ciseaux de la main droite. Le haut de ce personnage est mutilé.

Sur la face de gauche est un homme assis, occupé à un travail difficile à expliquer, les objets dont il est muni étant forts indistincts. Peut-être faut-il voir ici l'opération du drap que l'on sort d'une cuve destinée à la teinture.

Hauteur, 0m36 ; largeur, 0m78.

Trouvé en 1881 dans un cimetière gallo-romain, près de la route de Neufchâtel, en face des casernes d'artillerie.

Don de M. Quentin-Lacambre.

N° 10

Stèle funéraire offrant, dans une niche, la figure en pied d'un homme tenant de la main droite un objet indéterminé, et de la main gauche un autre objet en forme de corne d'abondance. — Hauteur, 1m15 ; largeur, 0m75 ; épaisseur, 0m27.

Trouvée à Reims à l'extrémité des Promenades. (BRUNETTE, *op. cit.*, p. 68.)

N° 11

Fragment d'une stèle funéraire avec la figure en pied d'une femme, dont il ne reste que le buste jusqu'à la ceinture. Elle tient de la main droite un objet indéterminé. Sa coiffure consiste en bandeaux ramenés sur les oreilles, avec des cheveux frisés sur le front, suivant la mode usitée au IVe siècle. — Hauteur, 0m62.

Trouvé à Reims (au faubourg Cérès ?).

N° 12

Fragment d'une stèle funéraire offrant dans une niche une figure de femme, assez fruste, ayant à sa gauche un enfant debout. Elle tient de la main droite un fruit ou une fleur (?). — Hauteur, 1m5 ; largeur, 0m55.

Trouvé à Reims (au faubourg Cérès ?).

N° 13

Fragment de stèle funéraire offrant le buste d'un homme sculpté dans une niche, au-dessus de laquelle est gravée l'inscription suivante : *Fasetus Clari filius.* — Hauteur 0m50 ; largeur, 0m55.

Trouvé en 1882, près Reims, dans le cimetière gallo-romain de la Haubette, à gauche de la route de Paris.
Offert au Musée par M. Boucton.

N° 14

Stèle funéraire offrant le buste d'un jeune homme, sculpté dans une niche, avec l'inscription suivante :
D (iis) M (anibus) et memorie Lucilli.
Hauteur, 0m90 ; largeur, 0m60.
Trouvée à Reims, au faubourg de Clairmarais. (Voir Ch. Loriquet, *Reims pendant la domination romaine*, p. 274 et fig. 14.)

N° 15

Inscription funéraire. Épitaphe de Licinius Æticus, *veterani legionis primæ adjutricis.* — Hauteur, 1m03 ; largeur, 0m43.
Trouvée à Reims. (Voir Ch. Loriquet, *Reims pendant la domination romaine*, p. 102 et suiv.)

N° 16

Inscription funéraire :
(Diis Manibus) et memori(ae)... oli Contua...
Hauteur, 0m70 ; largeur, 0m90.
Trouvée en 1852 dans les démolitions des remparts de Reims, près de la porte de Mars. (Voir Ch. Loriquet, *Reims pendant la domination romaine*, p. 272.)

N° 17

Fragment d'une inscription funéraire :
.....ttie Noctur(ne) Auva mater fil(i)is eiius viva p(osuit).
Hauteur, 0m40 ; largeur, 0m93.
Même provenance que l'inscription précédente. (Voir Ch. Loriquet, *Reims pendant la domination romaine*, p. 267.)

N° 18

Pomme de forme ovale ayant servi d'amortissement au pinacle d'un monument funéraire. — Hauteur, 0m52.

Trouvée près de Reims, en 1882, dans le cimetière gallo-romain de la Haubette.

N° 19

Pomme grossièrement taillée en forme de pomme de pin allongée ; même destination que la précédente. — Hauteur, 0m50.

Trouvée dans le cimetière gallo-romain du faubourg Cérès, près de la route de Mézières.

N° 20

Fragment d'une moulure ornée de feuillage, débris d'un monument funéraire. — Largeur, 0m50.

Cimetière gallo-romain de la route de Neufchâtel.

IV

Débris d'édifices publics et d'habitations privées

N° 21

Fragment d'une inscription antique, dédicace offrant le nom d'un membre de la famille impériale, sur lequel on n'a malheureusement que des données insuffisantes dans la portion très incomplète qui nous est parvenue :

NEPOTIS · PO[*ntificis maximi*]
[*adnepo*]TIS PRINCIPIS [*juventutis*]

Hauteur, 0m36 ; largeur, 0m76..

Trouvé à Reims depuis l'année 1860. L'endroit exact de la découverte est inconnu.

N° 22

Fragment d'entablement, offrant sur sa face antérieure une décoration de caissons circulaires, munis de rosaces, et, sur l'une des faces latérales, un cordon de perles et des feuillages d'ornement.

Hauteur, 0^m48; largeur, 0^m68.

Provenant peut-être de l'arc de triomphe de la porte de Mars.

N° 23

Autre fragment de même origine, orné de rinceaux sur sa face antérieure. — Hauteur, 0^m43; largeur, 0^m38.

N° 24

Fragment offrant identiquement la même décoration que le précédent. — Hauteur, 0^m46; largeur, 1^m17.

N° 25

Fragment orné à sa face antérieure et sur l'une des faces latérales de rinceaux mêlés de fleurons. — Hauteur, 0^m35; largeur, 0^m90.

N° 26

Fragment orné de rinceaux.—Hauteur, 0^m33; largeur, 0^m90.

Ce fragment a été trouvé, ainsi que les quatre précédents (N°s 22, 23, 24 et 25), dans le voisinage de l'arc de triomphe de la porte de Mars, et proviennent peut-être de la partie supérieure, aujourd'hui détruite, de ce monument.

N° 27

Fragment présentant une figure nue, vue de dos, les cheveux épars, avec une draperie flottant au vent. — Hauteur, 0^m60; largeur, 0^m70.

Trouvé près de l'ancienne Porte Basée (?).

N° 28

Base d'une colonne cannelée d'ordre corinthien. — Hauteur, 0m75; diamètre, 0m75; diamètre du fût, 0m55.

Trouvée dans l'ancien enclos des Capucins.

N° 29

Tronçon de colonne et chapiteau provenant d'une maison romaine.

Le fût de la colonne est revêtu de feuilles imbriquées. Hauteur, 0m90; diamètre, 0m27.

Le chapiteau est garni, sous le tailloir, d'un seul rang de feuilles d'acanthe très rudimentaires; au-dessous, entre deux moulures, est un bandeau orné de lignes obliques, gravées en creux. — Hauteur, 0m32.

Trouvés dans les Promenades de Reims en 1860. (Ch. LORIQUET, *La Mosaïque des Promenades*, p. 9 et fig. 8.)

N° 30

Tronçon de colonne revêtu de feuilles imbriquées. — Hauteur, 0m45; diamètre, 0m26.

Même provenance sans doute que le précédent.

N° 31

Vasque antique en pierre, ayant probablement formé le bassin d'une fontaine.

Cette cuve est cantonnée extérieurement de quatre mascarons, dont les visages sont alternativement barbus et imberbes. A la saillie formée par trois de ces figures correspond à l'intérieur un évidement dans le bord de la cuve. Le fond est plat, creusé d'une fossette circulaire, au milieu de laquelle est un trou destiné vraisemblablement à livrer passage à un tuyau qui amenait l'eau dans le bassin. De cette fossette part un canal qui s'ouvre au dehors par un trou latéral pour l'écoulement de l'eau. Autour de la cuve règne un rebord intérieur s'élevant à 0m10 au-dessus du fond, et formant une saillie d'environ 0m05. — Hauteur totale, 0m47 ; diamètre, 1m.

Trouvée chez M. Rivart, rue du Petit-Four.

N° 32

Masque antique en pierre, sculpté sur deux faces, disposées comme dans la figure du *Janus bifrons*.

Ces visages sont imberbes, encadrés d'une chevelure nattée. Leurs bouches, largement ouvertes, servaient probablement d'orifices à une fontaine; elles sont en communication avec un conduit vertical, percé d'ouvertures correspondant à chacune des deux bouches. — Hauteur, 0m46 ; largeur à la base, 0m48.

Trouvé dans des fouilles faites vers 1854 dans l'église Saint-Jacques, lors de la reconstruction de l'un des piliers supportant la tour centrale. (BRUNETTE, *Notice sur les antiquités de Reims*, p. 39.)

V

Objets affectés à divers usages

N° 33

Moulin complet, composé de ses deux éléments : la meule *(catillus)* en lave volcanique, et le pivot *(meta)*, borne cylindrique, conique à sa partie supérieure, sur laquelle la meule s'ajustait. Celle-ci broyait le grain par suite d'un mouvement de rotation qui lui était imprimé, soit à force de bras, soit à l'aide d'un âne ou d'un cheval qui y était attelé. — Hauteur de la meule, 0m53 ; diamètre, 0m60 ; hauteur de la *meta*, 1m.

Trouvé en 1852, chez M. de Bary, boulevard du Temple,

dans les remblais du fossé antique de la ville. (BRUNETTE, *Notice*, p. 2.)

N° 34

Meule de moulin *(catillus)*, en grès. — Hauteur, 0m32 ; diamètre, 0m58.

Trouvée à Reims. Provenance précise inconnue.

N° 35

Grande amphore romaine *(dolium)*, à large panse sphérique. (Le col est brisé). — Hauteur, 0m65.

N° 36

Dalle circulaire de l'époque romaine (?). — Diamètre, 0m20.

L. DEMAISON.

Époque franque

Nos 37 et 38

Deux pommeaux ayant surmonté un monument funéraire de l'époque franque, taillés à facettes et offrant quatorze faces, six taillées en losange et huit en triangle ; les arêtes sont indiquées par des lignes taillées en creux ; les losanges latéraux sont divisés dans leur milieu par une ligne creuse.

Ces deux pierres identiques ont été trouvées à Courmont, lieudit le *Moulin de Courmont,* près Muizon (Marne), en mars 1882, au cours des fouilles exécutées par MM. Fruchard et Vanier, et immédiatement acquises par l'Académie de Reims. — Hauteur, 0m25.

Un dessin de ces pommeaux a été exécuté en 1895 par M. Paul Sellier, dans le but de les faire figurer dans l'illustration d'une étude sur Clovis, par M. Godefroy KURTH, en voie de publication chez l'éditeur Mame. Nous n'en connaissons pas d'autre.

CHAPITRE DEUXIÈME

ÉPOQUE ROMANE

(xi*e* et xii*e* siècle)

I

Monuments funéraires, Inscriptions

N° 39

Monument funéraire du xii*e* siècle, provenant de la maison Favri (aujourd'hui caves George Goulet), près la porte Dieu-Lumière, sur l'emplacement du prieuré de Saint-Bernard. — On y voit la statue d'un personnage debout, abbé ou prieur en vêtements sacerdotaux, supportant une crosse ou bâton (auj. cassé) de ses deux mains, la tête rasée avec couronne de cheveux ; la statue est dans une niche cintrée, ornée à gauche d'une colonne à chapiteau roman et à droite d'une colonne moins haute, que devait supporter la retombée du cintre d'une autre niche accolée ; les écoinçons au-dessus de la niche sont garnis d'ornements en forme de cannelures. — Don du Conseil de fabrique de la paroisse Saint-Remi en 1866. — Hauteur, 1m50 ; largeur, 0m65.

N° 40

Fragment de l'épitaphe d'Azenaire, abbé de Saint-Remi de Reims (1100-1118), provenant du cloître de l'abbaye, et employé comme dalle dans le corridor d'une maison de la rue Libergier (ancienne rue Sainte-Catherine), n° 13, d'où il a été extrait et amené au Musée en 1887. Les mots lisibles sur ce fragment sont donnés ici en majuscules dans la restitution entière de l'épitaphe :

*Que non effari vale*T OS NON (1) COR MEDITARI
 *His, Asenari, venera*NDE PATER, SATIARI
 *Te faciat Christi digna*TIO QVEM COLVISTI
 Quem magis optabas QVAM VIVERE DOMNVS ET ABBAS
Ipsi commendas animam QVARTOQVE CALENDAS
 Augusti linquis corpus lacrymasque propinquis.

Ce texte a été publié par D. MARLOT, *Metropolis Remensis Historia*, tome Ier, p. 354, et reproduit plus tard par D. CHASTELAIN dans ses *Inscriptions de l'Abbaye de Saint-Remi*, 1770, ms. de la Bibliothèque de Reims, p. 17. — Don de la propriétaire de la maison. — Hauteur, 0^{m}35 ; largeur, 0^{m}39.

N° 41

Fragments de l'épitaphe de Richer, fils d'Herbert Morlachar, qui était autrefois dans la chapelle Saint-Nicolas de l'église Saint-Remi ; servit depuis de dalle dans le corridor d'une maison de la rue Libergier, n° 13, et fut enfin transférée au Musée en 1887. Le texte en est donné ici comme pour les précédentes :

HIC BONVS ET MELIOR *optim*VS INDE FVTVRVS
CREDITVR (2) ACTIVE BO*nus* e*x*TITIT ORDINE VITE
CONTEMPLATIVE M*elior* MERITIS VTRIVSQVE
OPTIMVS IN PATRI*a fiet* CVM DVPLICE PALMA
FERTILITAS LVMEN *pietas* FLOS VESPERE IN VNO (3)
OCCIDIT AVGVSTVS *sol e*T RICHERVS ET ESTAS

(1) La copie de D. Chastelain porte à tort *nec* au lieu de *non*.
(2) Dom Chastelain écrit à tort *conditur*.
(3) Dom Chastelain écrit à tort *imo*.

D. Chastelain donne cette inscription à la page 32 de son recueil. — Même don, 1887.

Deux fragments : Hauteur, 0m50 ; largeur, 1m. — Hauteur, 0m58 ; largeur, 1m.

N° 42

Fragment de l'épitaphe de Wido, autrefois dans l'église Saint-Remi, et depuis ayant servi de dalle dans le corridor d'une maison de la rue Libergier, n° 13, transférée au Musée en 1887. En voici le texte donné comme le précédent :

Hic WIDO ORTVS CLARVS *tec*TVS EST SVB LAPIDE
Hujus PATRONI PRECE *perpe*TVA CVM ELECTIS
Decessit nonis martis......................

L'épitaphe est donnée dans le recueil de D. Chastelain, cité plus haut, p. 31. — Même don, 1887. — Hauteur, 0m65 ; largeur, 0m63.

N° 43

Fragment d'une inscription du xi° ou du xii° siècle, retrouvée parmi les dalles du corridor d'une maison de la rue Libergier, n° 13, provenant probablement de l'église Saint-Remi comme les précédentes, et transférée au Musée en 1887. En voici les parties lisibles, le reste est fruste :

   ...R..........MIC.....
   PLANGERE..............
   .ETATI................
   TEI...................
   .....AL...............
   ...CONSI..............
   ....FA................

Les épitaphiers de Saint-Remi n'ont font pas mention. — Même don, 1887. — Hauteur, 0m58 ; largeur, 0m25.

II

Débris d'architecture, Chapiteaux

N° 44

Bas-relief roman, tympan de porte du XIIe siècle, offrant une arcade géminée dans une plus grande arcade, les trois arcades remplies d'arabesques et de rinceaux d'où se dégagent des personnages dans des attitudes variées. — Il a été trouvé, lors de la construction de la prison, vers 1857, dans les fondations de la maison de la place du Parvis qui portait l'inscription : FIDES, SPES, CHARITAS, maison dite de la *Chrétienté de Reims*, appartenant au Chapitre et contiguë à l'Hôtel-Dieu. Les morceaux du tympan ont été réunis avec soin ; l'ensemble a été photographié par M. Robert de Lasteyrie, en 1889, pour son *Album des Musées de province*. — Hauteur, 1m85 ; largeur, 1m50.

N° 45

Fragment de l'archivolte d'une porte romane (commencement du XIIe siècle), ornée de feuillages. — Provenance inconnue. — Hauteur, 0m30 ; largeur, 0m25.

N° 46

Deux mascarons sculptés de la fin du XIe siècle, fragments de corniche, avec figure de diable grimaçant et figure humaine, les deux bien conservées. Provenance inconnue, débris intéressants. — Hauteur, 0m27 ; largeur, 0m40.

N° 47

Fragment de sculpture romane, ornée de dessins avec entrelacs. — Provenance inconnue. — Hauteur, 0m30.

N° 48

Fût de colonne romane incomplet, orné de cannelures et de stries en zig-zag, provenant de l'abbaye de Saint-Thierry, près de Reims, et rapporté au Musée par M. Ch. Givelet, vers 1865, avec plusieurs des chapiteaux décrits plus loin. — Don de M. Camu-Bertherand. — Hauteur, 1m30; diamètre, 0m30.

N° 49

Tronçon de colonne romane avec cannelures en spirales. — Provenance inconnue. — Hauteur, 0m27; diamètre, 0m15.

N° 50

Chapiteau roman du XIe siècle, garni d'animaux fantastiques et de rinceaux enroulés; traces de cuivre dans les intervalles des sculptures, ces plaques de cuivre ayant peut-être été émaillées; traces d'un tore en forme de tresse. — Provenance inconnue.

Don de M. Ch. Loriquet (voir l'Introduction de son étude sur les *Artistes rémois*, dans les *Travaux de l'Académie de Reims*, 1862-63, tome XXXVIII, p. 128, note).

Ce chapiteau, longtemps déposé dans la chapelle basse de l'Archevêché, en a été retiré pour figurer à l'Exposition universelle de 1889. Il a été placé depuis au Musée rétrospectif de l'Hôtel de Ville. — Hauteur, 0m30; largeur, 0m27.

N° 51

Double chapiteau roman historié : les trois Mages offrant leurs présents à l'Enfant Jésus placé sur les genoux de sa Mère assise sur un trône. Ces deux chapiteaux sont accolés, et la scène forme une sorte de bas-relief qui s'étend sur les deux chapiteaux. Détails caractéristiques : les Mages tiennent leurs présents, et le trône de la Vierge est décoré de grecques. Au revers, autre scène mutilée : ondes au bas, traces de personnages figurant au baptême de Notre-Seigneur, l'Ange et saint Jean-Baptiste. — Provenance inconnue. — Hauteur, 0m25; largeur, 0m21.

N° 52

Chapiteau roman assez fruste, engagé aux deux angles; personnages grossièrement sculptés, l'un paraît s'appuyer de la main gauche sur un arbre, l'autre supporte un objet de forme indéterminée. — Provenance inconnue. — Hauteur, 0m25.

N° 53

Chapiteau roman à trois faces, sculpté sur chaque face avec figures d'oiseaux, aigles, et une licorne; moulure en forme de torsade à la partie inférieure; pierre calcaire très blanche. — Provenance inconnue, quelques mutilations. — Hauteur, 0m25; largeur, 0m25.

N° 54

Chapiteau roman sculpté sur les trois faces, avec enroulements de rinceaux et figure humaine couchée, torsade à la base; pierre calcaire très blanche, sculptures mutilées. — Provenance inconnue. — Hauteur, 0m25.

N° 55

Chapiteau roman en pierre blanche, mutilé de trois côtés, tête d'oiseau encore visible à l'angle gauche, et figure d'oiseau entier sur la face conservée; cet oiseau a les ailes éployées et le bec plongé dans un vase à long col arrondi; moulure simple à la base. — Provenance inconnue. — Hauteur, 0m25.

N°s 56 et 57

Deux chapiteaux romans cubiques, sans figures. — Provenance inconnue. — Hauteur de l'un, 0m28; hauteur de l'autre, 0m25.

Nos 58 à 65

Huit chapiteaux romans, provenant de la crypte de l'ancienne église collégiale du Mont-Notre-Dame (Aisne), apportés au Musée par M. Ch. Givelet en 1865. — Ces chapiteaux, très curieux par leur caractère primitif, n'offrent que des dessins fort simples, en nattes, en stries et en losanges. Des dessins analogues se trouvent sur les chapiteaux reproduits par M. Eugène Lefèvre-Pontalis dans sa notice sur les *Chapiteaux de l'église de Chiry* (Aisne), qui a paru dans la *Gazette archéologique*, 1887, p. 29. (Voir en outre le *Mont-Notre-Dame, histoire et description*, par Ch. GIVELET, nouvelle édition, 1893, et les *Antiquités et Monuments du département de l'Aisne*, par Ed. FLEURY, tome II, pages 286-87.) — Hauteur, 0m25 à 0m30 en moyenne.

N° 66

Chapiteau roman en forme de corbeille, orné de feuillages et d'un orfroi à sa partie supérieure; derrière le chapiteau, pierre engagée. — Provenance inconnue. — Hauteur, 0m37.

N° 67

Chapiteau roman en forme de corbeille, décoré de rinceaux verticaux. — Provenance inconnue. — Hauteur, 0m31.

N° 68

Chapiteau roman du XIIe siècle, orné de rinceaux entrelacés. — Provenance inconnue. — Hauteur, 0m34.

N° 69

Double chapiteau du XIIe siècle, avec garniture de feuillages enroulés très élégants, tête entre les deux chapiteaux. — Provient de l'ancien prieuré d'Evergnicourt (Aisne). Don du propriétaire, M. Joly-Braconnier, en 1888. — Hauteur, 0m30; largeur, 0m43.

N° 70

Chapiteau du XII° siècle, adossé à un massif, colonne engagée ; chapiteau à feuillages, très mutilé. — Provenance inconnue. — Hauteur, 0m39 ; largeur, 0m34.

N° 71

Chapiteau du XII° siècle, engagé dans un massif, avec têtes et feuillages bien conservés, moulure à trois étages. — Provenance inconnue. — Hauteur, 0m38 ; largeur, 0m30.

N° 72

Chapiteau du XII° siècle, orné de feuillages. — Provenance inconnue. — Hauteur, 0m30 ; largeur, 0m24.

N° 73

Petit chapiteau du XII° siècle, orné de feuillages et intact. — Provenance inconnue. — Hauteur, 0m20 ; largeur, 0m20.

N°s 74 à 77

Quatre chapiteaux du XII° siècle, avec enroulements de rinceaux et de feuillages, d'une belle sculpture et d'une conservation presque parfaite. — Provenance inconnue. — Hauteur, 0m30 ; largeur, 0m26.

N°s 78 et 79

Deux chapiteaux, reliés chacun à un fragment de frise, de l'époque de transition, fin du XII° siècle, avec enroulements de rinceaux, grappes de raisin et enfants nus mêlés aux rinceaux, pierre calcaire blanche d'un grain très fin. — On en reporte la provenance au château des Archevêques, près la porte de Mars. — Hauteur, 0m31.

Le dessin de ces chapiteaux offre la plus grande analogie

avec celui des chapiteaux contemporains du cloître et de la salle capitulaire de l'abbaye de Saint-Remi (aujourd'hui Hôtel-Dieu de Reims), dont nous reproduisons ici les deux types les plus remarquables.

SALLE CAPITULAIRE DE L'ABBAYE DE SAINT-REMI

(Aujourd'hui Hôtel-Dieu de Reims)

Chapiteau du XIIᵉ siècle

CHAPITRE TROISIÈME

ÉPOQUE GOTHIQUE

(XIIIᵉ au XVIᵉ siècle)

I

Monuments funéraires, Inscriptions

Nº 80

Fragment d'une épitaphe du XIIIᵉ siècle, provenant du couvent des Cordeliers de Reims, rue des Trois-Raisinets, donné au Musée par Mᵐᵉ Andrès, en 1885. Ce débris était resté jusque-là dans le pavé de l'ancien cloître ; les caractères en lettres gothiques ou onciales sont nettement tracés, mais le texte est resté fort incomplet dans la partie supérieure, qui devait contenir une première épitaphe ; la date de la seconde est du 16 février 1204, ou quatorze jours après la fête de la Chandeleur de cette année :

```
.........................
IEX ; PRIIES ,..............
† CI GIST ; D...............
E : QVI : FV : FILLE : ......
CLIMENCE : LORFA..........
SCE : QVI : TRESPASSA ......
EN LAN : DE : GRACE : M : CC ;
ET : QVATRE : OV MOIS
DE : FEVRIER : XIIII : JOURS
APRÈS : LA : CHANDELIER
P DIEX : PRIIES : POR LAME DE : LI
```

Pierre calcaire, fragment irrégulier. — Hauteur, 0ᵐ55 ; largeur, 0ᵐ70.

N° 81

Fragment de l'épitaphe de *Drogo* ou Dreux, célèbre abbé de Saint-Nicaise de Reims (1196-1221), qui fut inhumé dans le chapitre de cette abbaye, sous une dalle blanche. (MARLOT, *Metrop. Rem. Hist*, tome Ier, page 651.) La tombe, sciée lors de la démolition du monastère, fut employée comme moëllon, et le débris conservé au Musée y fut rapporté d'une muraille au n° 27 de la rue Ponsardin, en face du Mont-Dieu, et donné en 1885 par M. Albert Benoist, membre de l'Académie de Reims. Il a été calqué en 1895 par M. Ch. Givelet. On y distingue le dessin gravé de la tête de Dreux, à moitié visible, avec un ange encensant sur le côté ; une banderole porte cette portion de légende : T · SPIRITVI · DEV., et l'inscription de la bordure permet de lire encore : E.: FASC.....

L'ensemble du texte peut être restitué d'après D. MARLOT et la copie qu'en a faite D. CHASTELAIN dans ses *Épitaphes de Saint-Nicaise*, Ms. de la Bibliothèque de Reims, f° 36 :

Autour de la dalle :

*Corpor*E : FASC*etus, felici sorte repletus,*
Largus, amans, lætus, vir constans, virque quietus,
Drogo fuit nomen, cui felix ejus et omen.

Autour de la tête :

*Cujus solamen si*T SPIRITVI. DEVS *amen.*

D. MARLOT indiquait la tombe de Dreux commè se trouvant dans la salle capitulaire, tandis que D. CHASTELAIN la place de son temps (1770), dans l'église, au bas de la nef et voisine de celle de Libergier. Il y aurait donc eu un déplacement au XVIIIe siècle.

Pierre calcaire, fragment. — Hauteur, 0^{m}48 ; largeur, 0^{m}25.

N° 82

Fragment d'une dalle tumulaire du XIVe siècle, pierre ciselée offrant une rosace qui formait l'ornement de l'un des angles de cette dalle, traces d'un mastic rouge dans les gravures. — Provient de l'église Saint-Remi, et se trouvait dans le dallage de la maison rue Libergier, n° 13. — Hauteur, 0m25 ; largeur, 0m27.

N° 83

Fragments d'une inscription gothique en français, du xiv° siècle, pierre calcaire jaune, légende en bordure incomplète et fruste, traces du dessin d'un personnage gravé au trait au milieu. — Proviennent de l'abbaye de Sainte-Claire, don des Religieuses du Bon-Pasteur, en 1886.

Dix morceaux de forme irrégulière et sans suite.

N° 84

Épitaphe en lettres gothiques de Jean Duwez ou Dugué, chanoine de Sainte-Balsamie et de Notre-Dame de Reims, originaire de Laval-Morency (Ardennes), ancien curé d'Iges (près Sedan), puis curé de Saint-Michel de Reims, et installé en 1460 dans la 67e prébende. Une particularité de son existence, c'est qu'il mourut de la lèpre, en 1467, sans avoir cessé d'appartenir au Chapitre, dans le préau duquel il fut inhumé. On y a retrouvé son épitaphe qui fixe la date de son décès au 26 juillet 1467, tandis que le *Recueil* de Weyen la croit antérieure parce qu'il fut remplacé le 19 juin de la même année (1).

> Cy devant [gist] venerable et
> discrette [personne] maistre Jehan
> Duwez natif de laval de morecy
> es potetz pbre chanoine de Reims
> et jadis cure de yge lequel trespassa
> ou xxvi jor de juillet de la de gre
> nre sr mil cccc·lx·vii· priez p. luy

(1) « *Præbenda 67*. — Johannes de Vado, alias Duvez, seu potius du Gué, presbiter, nuper curatus seu pastor Ecclesiæ S^{ti} Michaelis

Cette épitaphe figurait sous le n° 3,847 à l'Exposition rétrospective de Reims en 1876 ; pierre calcaire de 0^m60 de hauteur sur 0^m62 de largeur ; lettres gothiques d'une belle conservation.

N° 85

Fragment d'une croix mutilée du XVIe siècle, probablement une croix de cimetière, débris du montant principal assez large et offrant une inscription en lettres gothiques sur les deux faces. On lit sur une saillie de la pierre en forme de croix, d'un côté l'épitaphe de Nicolas Coquillart, marchand mercier à Reims, mort en 1547.

[Ci] gist [ho]neste home
Nicolas Coquillart (?) en so͞
vivat march͞at mer
cier dem a reims
lequel trespassa le xx
jo͞ de dec͞ebre la͞ m.
xlvii · priez dieu p^r . . .

Remensis, authoritate ordinaria in propria 17 jan. 1460, per dimissionem seu resignationem causâ permutationis cum Johanne de Montresteaume ad capellam Beatæ Mariæ in Ecclesia parochiali de Sersy Laudunensis diocesis. — Obiit Remis canonicus Remensis et leprosus 17 Jun. 1467, sepultus in ambitu processionis prope Ecclesiam S^{ti} Michaelis Remensis. Epitaphium illius diem ejus obitum 26 julii 1467, sed hoc falsum, ut patet ex receptione Hugonis Gobini, per obitum Joannis de Vado, die 19 jun. 1467. — Joannes de Vado receptus fuerat canonicus S^{tæ} Nutricis Remensis causâ permutationis cum Jo. de Vitriaco, canonico Remensi, ad capellam S^{tæ} Trinitatis in ecclesia S^{ti} Petri ad Moniales 27 maii 1444. » WEYEN, *Dignitates Ecclesiæ metrop. remensis*, f° 349. (Bibliothèque de Reims, Ms.)

De l'autre côté, se trouve l'épitaphe de Nicolas Legay, marchand tanneur et bourgeois de Reims, mort en 1566 :

> Cy devant gist Nicolle le
> grelle vivat feme de ho
> neste homme nicolas
> legay laquelle trespa
> sa le : 7 : de septembre :
> 1556
> et led. nicolas legay mar
> chat taneur et bourgeois de
> Reims lequel tres
> passa le xxi de
> novebre 1566
> priez Dieu por
> leurs ames

Provenance inconnue. — Hauteur, 0m60 ; largeur, 0m35.

II

Monuments religieux, Débris d'architecture, Statues, Chapiteaux

N° 86

Fragment de sculpture des porches de l'ancienne église Saint-Nicaise de Reims, commencement du xiiie siècle, offrant des fleurons en relief inscrits dans des losanges. — Provient de la filature des Longuaux, bâtie avec les débris de Saint-Nicaise, d'où il fut rapporté par M. Ch. Givelet, vers 1865. Un débris analogue se trouve encore encastré dans la partie inférieure du mur de la maison n° 50 du faubourg Fléchambault. (Voir sur la démolition de l'église Saint-Nicaise l'étude de M. A. LEBOURQ, dans les *Travaux de l'Académie de Reims*, 1882, t. LXXII, p. 37, et sur les débris dont il est ici question, p. 108.) — Hauteur, 0m39; longueur, 0m41.

Nos 87 et 88

Deux statues, l'une de cheval, l'autre de licorne, du commencement du XIIIe siècle, avec leur base, qui figuraient avant 1859, date de la restauration de l'abside de la cathédrale de Reims par M. Viollet-le-Duc, sur la galerie qui couronne la chapelle centrale de l'abside de cet édifice, à l'extérieur, sur la rue du Cloître. Beaucoup d'autres débris du monument, conservés lors de la restauration, sont exposés entre les contreforts de la nef, sur la rue Robert-de-Coucy. — Hauteur de la licorne, 1m90 avec la base; hauteur du cheval, 1m70.

N° 89

Débris nombreux de l'ancien jubé de la cathédrale de Reims, du XVe siècle, tous retrouvés vers 1865, dans les cours de l'Archevêché. (Exposition rétrospective de 1876, *Catalogue*, n° 3,805.)

Morceaux irréguliers, tous brisés et non rajustés. — Hauteur des plus grands, 1m environ.

N° 90

Fragments d'une tige en bois creux, provenant, dit-on, d'une clef de voûte de l'une des tours du transept de la cathédrale de Reims incendiée en 1481, et ayant servi de conduit pour les cordes des cloches que contenait cette tour.

Dimensions irrégulières, trois tronçons de 0m50 en hauteur.

N° 91

Ange qui surmontait le clocher de l'abside de la cathédrale de Reims, dit *Clocher à l'Ange*, statue creuse servant de girouette, en cuivre ou laiton, de fabrication grossière, restaurée au xviie siècle ; l'Ange est représenté la tête nue, avec deux ailes, vêtu d'une longue tunique avec un large collet, tenant à la main une croix en fer (moderne). — Cette girouette historique fut descendue de la flèche, sur l'ordre de M. Viollet-le-Duc, le 13 septembre 1860, et n'a été ni restaurée ni remplacée depuis, malgré les réclamations et le désir des habitants. Heureusement préservée dans le Musée, elle y attend un rappel à l'activité ou un successeur. On lit, à droite et à gauche de la statue, deux inscriptions constatant les réparations qui lui furent faites en 1613 par un ouvrier nommé Bouillon, à la diligence de MM. du Chapitre. (Voir l'*Histoire de la Ville de Reims*, par Brissart-Binet, 1864, p. 83-84 ; et l'*Histoire et Description de Notre-Dame de Reims*, par l'abbé Cerf, tome II, p. 211 à 213.) — Hauteur totale de l'Ange, 1m90.

N° 92

Vierge du xve siècle, debout, avec couronne fleurdelisée, tenant sur son bras droit l'Enfant Jésus qui joue avec une branche de rosier en fleurs. Écusson au bas de la statue, portant *de... à 3 bandes de....., au chef chargé d'un arbre de.....* Légende en lettres gothiques sur les bords du manteau de la Vierge ; on lit à gauche : filion (sic) dei genui ; le même texte répété à droite. — Provient des débarras de la Cathédrale, où la tête de l'Enfant Jésus fut cassée et perdue ; la statue fut recueillie au Musée en 1885. — Hauteur, 1m15.

N° 93

Statue de saint Jean-Baptiste, du xve ou xvie siècle, mutilée, la partie inférieure manque jusqu'à mi-corps ; le saint est vêtu d'une tunique en poils de chameau, drapé d'un manteau, et il tient l'*Agnus Dei* à la main. — Provient d'une maison du bas de la rue de Venise, qui dépendait de l'ancienne église paroissiale Saint-Jean-Baptiste de Reims. — Don de M. Saubinet aîné, en 1865. — Hauteur, 0m45.

N° 94

Tabernacle sculpté à jour, à six pans, les trois du devant ajourés, offrant des fenestrages flamboyants. Édicule gothique très élégant, en forme de clocheton ; le sommet manque. Pourrait être l'ancien tabernacle de l'une des églises détruites de Reims. — Provient en dernier lieu du jardin de la maison de M. Renart, juge de paix du troisième canton, rue Neuve, aujourd'hui rue Gambetta, n° 133, et acquis pour le Musée en 1885. — Hauteur, 1m10 ; largeur, 0m48.

N° 95

Débris d'un retable gothique du XVIe siècle, très mutilé, offrant deux scènes de la vie de saint Jean-Baptiste, sa prédication dans le désert et sa décollation dans la prison. — Provenance inconnue. — Hauteur, 0m60 ; largeur, 1m.

N° 96

Moulage plein, en plâtre, exécuté en 1890 par M. Bertozzi père, sculpteur à Reims, de la partie supérieure de la petite cloche de l'église de Taissy (Marne), datant du XIIIe ou du XIVe siècle, et portant la légende : *Christus vincit, Christus regnat, Christus imperat.* (Voir le *Répertoire archéologique de l'Arrondissement de Reims*, 1er fascicule, *cantons de Reims*, 2e édition, 1891, p. 84, avec planche.) Un autre moulage de cette inscription est conservé à la Bibliothèque de Reims. — Le même artiste a exécuté également un moulage de la légende et des ornements du gros bourdon de Reims (1570), déposé à la Bibliothèque de l'Académie de Reims. (Voir *Le Bourdon de Notre-Dame de Reims*, par H. JADART et Ed. LAMY, dans les *Travaux de l'Académie de Reims*, t. LXXIII, p. 259.) — Diamètre de la cloche de Taissy, au sommet, 0m35.

N° 97

Divers fragments de meneaux d'une galerie de style gothique flamboyant, débris d'un jubé ou d'une clôture de chapelle. — Proviennent de l'ancienne abbaye de Sainte-Claire ; don des Religieuses du Bon-Pasteur en 1886, lors des fouilles pour la construction de leur nouvelle chapelle. Cinq débris cassés irrégulièrement et non rajustés.

N° 98

Statue mutilée, les bras et la tête manquent, costume de diacre (?), œuvre de date incertaine en cet état ; les pieds reposent sur une console avec arcature de l'époque gothique du XIII° siècle. — Provenance inconnue. — Hauteur, avec le socle, 1m30 environ.

N° 99

Tête imberbe (mutilée), les cheveux retombant en boucles par derrière. Débris du XIV° siècle, pierre blanche. — Provenance inconnue, porte les n°s 50 et 130 sur une étiquette. — Hauteur, 0m14.

N° 100

Tête de femme (mutilée au visage), chevelure flottante, ceinte d'un galon orné de rosaces. Débris du XIV° siècle. — Provenance inconnue. — Hauteur, 0m19.

N° 101

Tête servant de console, du XIV° siècle, figure grimaçante, la bouche ouverte. — Provenance inconnue. — Hauteur, 0m20.

N° 102

Tête d'animal fantastique portant une espèce de collier, le museau cassé. — Provenance inconnue. — Hauteur, 0m48.

N° 103

Petite console gothique, ornée de fleurons. — Provenance inconnue. — Hauteur, 0m23 ; largeur, 0m25.

N° 104

Frise bordant un entablement, avec feuillages sculptés d'un beau relief, époque gothique du XIIIe siècle. — Provient des Clarisses de Reims, 1886. — Hauteur, 0m22 ; largeur, 0m95.

N° 105

Fragment d'une colonne prismatique, surmontée d'un chapiteau orné de feuillages et de volutes aux angles. — Provenance inconnue. — Hauteur, 0m40 ; largeur, 0m25 au sommet.

N° 106

Base de colonne cylindrique, de date incertaine (XIVe siècle ?), le fût brisé à une petite distance de la base. — Provenance inconnue. — Hauteur, 0m35 ; largeur, 0m20.

N° 107

Divers débris de date incertaine, fûts de colonnes, quatre en marbre noir et un en pierre blanche avec cannelures en spirale ; les fûts en marbre noir sont décorés de cannelures striées. — Proviennent la plupart de l'abbaye de Sainte-Claire de Reims, don des Religieuses du Bon-Pasteur, 1886. — Diamètre, 0m12 ; hauteur, 0m40 à 0m50 en moyenne.

N° 108

Fragment d'une colonne prismatique du XVe ou du XVIe siècle, en pierre de liais ou en marbre. — Provenance inconnue. — Hauteur, 0m22 ; diamètre, 0m17.

N° 109

Chapiteau à feuillages de la fin du XIIe siècle ou du commencement du XIIIe. Au-dessus des feuillages et sous l'entablement, ligne d'ornements. — Provenance inconnue. — Hauteur, 0m37.

N° 110

Double chapiteau gothique à crochets.— Provient du Mont-Notre-Dame, don de M. Charles Givelet, 1865.—Hauteur, 0m28.

N° 111

Fragments d'une moulure avec chapiteaux au-dessous, ornés de feuillages, du XIII° siècle. — Provenance inconnue. — Hauteur, 0m40 ; largeur, 0m22 au carré.

N° 112

Fragment de chapiteau adossé, du commencement du XIII° siècle, sculpté sur une seule face. — Provenance inconnue. — Hauteur, 0m38 ; largeur irrégulière.

N° 113

Chapiteau du XV° siècle, orné de feuillages, surmontant l'extrémité d'une nervure prismatique. —Provient de l'abbaye de Sainte-Claire, 1886. — Hauteur, 0m34.

N° 114

Fragments de deux chapiteaux accolés, du XV° siècle, ornés de feuilles de lierre, avec entablement à moulure prismatique. — Provenance inconnue, portent sur une étiquette les n°s 9, 42 et 50. — Hauteur, 0m20.

N° 115

Pierre offrant à l'un de ses angles un chapiteau sculpté très fruste, paraissant du XVI° siècle. — Pierre brune, provenance inconnue. — Hauteur, 0m30 ; largeur, 0m70.

N° **116**

Autre pierre se rattachant à la précédente, fragment d'un chapiteau carré. — Provenance inconnue. — Hauteur, 0m27.

Nos **117** à **128**, **128** bis, ter, quater

Quinze chapiteaux ou débris de chapiteaux de l'époque gothique, ornés de crochets ou de feuillages, de diverses formes et provenances, qui n'offrent pas d'ailleurs de particularités. — Le Musée lapidaire possède une collection de soixante-six chapiteaux, dont vingt-sept des XIe et XIIe siècles, vingt-cinq du XIIIe au XVIe siècle, et le reste de la Renaissance. — Hauteur, 0m25 à 0m30 en moyenne.

III

Monuments civils, Enseignes, Cheminées

N° **129**

Tympan de la fin du XIIIe siècle ou du commencement du XIVe, qui surmontait la porte d'une maison de la rue Chanzy, ancienne rue du Bourg-Saint-Denis, n° 11, en face du grand Séminaire, et sur laquelle est sculptée une enseigne connue sous le nom du *Combat de l'Ours*. On y voit, en effet, sous une arcature trilobée, une belle sculpture d'un fort relief représentant un homme luttant contre un ours et lui enfonçant un couteau dans le dos ; derrière cette scène se dresse un arbre. — Il en existe un dessin par E. Auger et une photographie par J. Trompette. (Voir le *Vieux Reims*, par l'abbé CERF, p. 70.)

Pierre en deux morceaux intacts, donnée à la Ville par M. V. Mazoyer, entrepreneur à Reims, en février 1890. — Hauteur totale, 1m30 ; largeur à la base, 1m55.

N° 130

Tympan d'une porte de la fin du xiii° ou du commencement du xiv° siècle, qui surmontait la porte d'une maison de la rue Neuve, aujourd'hui rue Gambetta, n° 82, et sur laquelle est sculptée une enseigne connue sous le nom du *Coq à la Poule*. Archivolte formée d'un arc brisé dans lequel est inscrite une arcature trilobée, dans le tympan un coq et une poule affrontés et becquetant un cep de vigne chargé de raisins. — Il en existe un dessin par E. Auger. (Voir le *Vieux Reims*, par l'abbé CERF, 1875, p. 70.)

Pierre sculptée bien conservée, donnée à la Ville par M. S. Dauphinot, ancien maire de Reims, en 1868. — Hauteur totale, 1^{m}10 ; largeur à la base, 1^{m}70.

N° 131

Personnage accroupi, servant de console, les jambes appuyées sur la tête d'un lion, branche de feuillage de chaque côté. Débris de l'archivolte d'une porte du xiv° siècle, jolie sculpture bien conservée et non détachée du morceau de pierre dont elle décore l'extrémité. — Provenance inconnue. — Hauteur, 0^{m}42 ; profondeur du morceau, 0^{m}62.

N° 132

Fragment d'un montant ou pied-droit d'une porte du xiv° siècle. Débris de colonnette avec chapiteau orné de feuillages découpés. — Provenance inconnue. — Hauteur, 0^{m}54.

N° 133

Manteau de cheminée du xv° siècle, avec cordon sculpté à la base, brisé en deux fragments presque égaux ; le fronton formant un arc en accolade est orné de feuillages frisés, un escargot sur le feuillage ; on voit les armes de Reims avec un rinceau et un chef fleurdelisé sur l'un des morceaux,

et sur l'autre les armes de France avec un lambel (Maison d'Orléans) ; au-dessous du fronton, sur une banderole, court une devise en lettres gothiques : *Jaray tousd(is),* qui signifie : *J'aurai toujours.* — Provenance inconnue. — Hauteur de chaque fragment, 0^m48 ; largeur, 0^m88.

N° 134

Meneau d'une fenêtre du XVIe siècle, semé de fleurs de lis en relief, avec arêtes prismatiques. — Provient des lucarnes qui surmontaient la façade de la grande salle de l'Archevêché, et retrouvé dans le grenier de cette salle vers 1850. — Hauteur, 1^m.

N° 135

Fragment d'architecture gothique flamboyante, offrant un trèfle inscrit entre des nervures en accolade. — Provient de la maison rue de la Peirière (aujourd'hui rue de l'Université), n° 3. Don de M. Ch. Givelet. — Hauteur, 0^m30.

N° 136

Manteau de cheminée gothique du commencement du XVI° siècle; arc en accolade, au-dessous trois écussons grattés et mutilés, celui du milieu plus petit; on distingue sur celui de gauche les traces des armoiries de la famille de Thuisy, qui

portait : de *gueules au sautoir engrelé d'or, cantonné de quatre fleurs de lys d'argent.* (Voir l'*Armorial des Lieutenants des habitants de Reims* par Ch. GIVELET, p. 112.) — Provient de la maison dite du *Palais Royal*, rue de Tambour, ainsi qu'un autre manteau de cheminée de la fin du XVI° siècle, décrit plus loin. — Don de M. Saint-Aubin ; figurait à l'Exposition rétrospective de 1876 sous le n° 3816 du catalogue. — Hauteur, 0m52; longueur, 2m20.

N°° 137 à 144

Carreaux vernissés du moyen âge, de diverses dimensions et provenances, dont huit châssis carrés réguliers, encadrés vers 1855 et formant des dessins complets; les autres carreaux, non assemblés, offrent des figures et des ornements variés mais incomplets comme ensemble. — Ces carreaux ont été trouvés la plupart dans les greniers de l'Archevêché, au-dessus des grands appartements; en outre, plusieurs proviennent du château de Saint-Georges-lez-Milly (Seine-et-Oise). — Les dessins les plus remarquables ont été calqués par

M. l'abbé Chevallier, curé de Montbré, pour son étude sur les *Carrelages du moyen âge. (Bulletin monumental*, 1888.) — Carreaux assemblés. — Hauteur, 0^{m}28 ; largeur, 0^{m}25 en moyenne.

N° 145

Mortier du moyen âge, vase sans anses. — Provenance inconnue. — Hauteur, 0^{m}20 ; diamètre, 0^{m}28.

N° 146

Mortier du moyen âge, vase avec anses. — Provenance inconnue. — Hauteur, 0^m 30 ; diamètre, 0^{m}30.

CHAPITRE QUATRIÈME

RENAISSANCE ET TEMPS MODERNES

(xvi⁰, xvii⁰ et xviii⁰ siècle)

I

Monuments funéraires, Inscriptions

N° 147

Fragment sculpté de la Renaissance, partie inférieure d'un monument funéraire, avec consoles, guirlandes et tête de mort au centre. — Provenance inconnue. — Hauteur, 0m55 ; largeur, 0m85.

N° 148

Épitaphe de Regnauld Thevrault, originaire du diocèse de Laon, chanoine de Reims, décédé en 1567, qui avait été le premier docteur reçu par la Faculté de médecine de cette ville (1). — Provient du cloître de Notre-Dame, retrouvée

---

(1) « Reginaldus Thevrault, presbyter Laudunensis diœcesis, Artium et Medicinæ Magister, authoritate ordinaria in propriâ 16 juil. 1550, per obit. Petri Baillot. Fuit primus Doctor Medicus Facultatis Remensis. Obiit Remis can. Remensis 12 april 1567, sepultus in claustro juxta Scholam Juris cum epitaphio. » *Dignitates Eccl. metrop. Remensis*, par H. WEYEN, ms. de la Bibl. de Reims, n° 1391, f° 359.

dans un chantier et donnée par M. Ch. Loriquet, vers
1868 :

> HIC JACET
> RENALDUS THEVRAULT
> HUJUS ECCLESIÆ PRESBITER
> CANONICUS QUI A
> FUNDATIONE UNIVERSITATIS
> REMENSIS FUIT FACULTATIS
> MEDICÆ PRIMUS DOCTOR
> OBIIT 12° AUGUSTI 1567
> REQUIESCAT IN PACE

Pierre calcaire, moulure cintrée du haut ; les caractères de l'inscription ont pu être refaits au xviie siècle, si l'on en juge par certaines lettres, les U, notamment. — Hauteur, 0^m63 ; largeur, 0^m49 ; épaisseur, 0^m10.

N° 149

Épitaphe de Pierre Chertemps, seigneur de Vaulx, conseiller du roi, contrôleur général des finances en la Généralité de Champagne, décédé le 20 janvier 1593. — Le texte de cette épitaphe, qui concerne plusieurs alliances de la famille Chertemps, a été déjà reproduit dans l'*Armorial des Lieutenants des Habitants de Reims*, par Ch. GIVELET, 1887, p. 97. — Don de M. le chevalier de Beffroy, en 1885. Marbre noir, incomplet. — Hauteur, 0^m25 ; largeur, 0^m60.

N° 150

Débris de l'épitaphe d'une abbesse de Sainte-Claire de Reims, soit Marie Petit, décédée en juin 1580, soit Marie Pioche, décédée en février 1595, soit Marie Viscot, décédée en janvier 1680. (Voir la *France pontificale*, par H. FISQUET,

Reims, p. 396-97.) — Provient des Dames du Bon-Pasteur en 1886 :

```
    ...GIST RÉVÉRENDE
    ....E SOEVR MARIE
    ....ABBESSE DE CE
    ........QVI APRES
    ........... ENENT
    .......... LARGE
    ...............
```

Pierre calcaire très épaisse, filet autour du texte, fragment irrégulier. — Hauteur, 0m45 ; largeur, 0m55.

N° 151

Épitaphe commune à cinq religieuses Clarisses de Reims, provenant des Religieuses du Bon-Pasteur en 1886. En voici le texte complet :

✝

CY GIST VENERABLE RELIGIEVSE
SR THOMAS DE PARIS QVI EST
DECEDE LE 8ME IVIN 1647
ET SR ELISABETH COQVILLART QVI
DECEDA LE 16 AOVSTE 1648 AGE
DE 42 ANS
ET SR ELISABETH DAVIS (?) QVI DECEDA
LE 1 IVIN 1649 AGÉ DE 33 ANS
ET SR MAGDELEINE FILLET QVI DECEDA
LE 30 AOVSTE 1649, AGE DE 43 ANS

ET VENERABLE RELIGIEVSE SR
RENE MAGDELAINE DE LA PERIER
QVI DECEDA LE 6ME IANVIER
1672 AAGEE DE 69 ANS
   REQVIESCAT IN PACE
LAN 1698 LE 26 OCTE EST DECEDE VBLE
R. SR MARIE DE PARIS AAGE DE 50 ANS

Pierre calcaire avec moulure sur les 4 faces. — Hauteur, 0m42 ; largeur, 0m45 ; épaisseur, 0m06.

N° 152

Épitaphe de trois religieuses Clarisses de Reims, même provenance que la précédente :

✝

Cy gist venerable religi[euse]
Sr Simonne Begvin agé[e de]
76 ans qvy deceda le.....
Ianvier 1658
Et Sr Barbe Frison a[gée]
de 76 ans qvy deceda le pre[mier]
iovr de Fevrier 1658
Et Sr Mary Bachel[ier]
agée de 39 ans & de[mi]
qvy deceda le 22 fév[rier]
1658.

Requiescant in pace

Pierre calcaire, avec moulures sur les côtés, brisure sur la gauche. — Hauteur, 0m35 ; largeur, 0m31 ; épaisseur, 0m07.

N° 153

Fragment de l'épitaphe de Sœur Dubois, religieuse Clarisse de Reims au xviie siècle. — Même provenance que pour les précédentes.

Cy gis[t] venerable religi........
Dubois agée de 67 ans a qvy...
des graces particvlier ov........
vivre en exemple de vertv.......
mortification par dessvs le......
est morte sainctement l.........

Requiescant in pace

Hauteur, 0m30 ; largeur, 0m40.

Nº **153** bis

Fragments d'épitaphes de plusieurs autres religieuses Clarisses de Reims, parmi lesquelles on distingue les noms et les dates suivantes. — Même provenance que pour les précédentes.

Jeanne Noblet, âgée de 50 ans, décédée le 27 janvier 16...

Charlotte Lespagnol, âgée de 75 ans, décédée le 3 septembre 1684.

Élisabeth Damevillier (?), âgée de 74 ans, décédée le 24..... 1689.

Marie Lepagnol, âgée de 70 ans, décédée le 20 octobre 1701.

Angélique Fremyn........, décédée le 27 septembre.....

Cinq morceaux informes, les uns en marbre, d'autres en pierre calcaire, variant de 0m25 à 0m55 de hauteur.

Nº **154**

Fragment d'une console du xviie siècle, portant sur sa face antérieure un écusson en losange, entouré d'une cordelière et portant un *chevron accompagné de trois heaumes avec grilles fermées de profil*. — Provient de l'ancienne église Saint-Hilaire de Reims, probablement d'un tombeau, don de M. Rousseau, économe de la Charité, en 1887. — Hauteur, 0m30.

Nº **155**

Cartouche du xviie siècle, provenant sans doute d'un tombeau, et offrant un écusson sculpté, parti à dextre *au chevron surmonté d'un croissant et accompagné de trois clochettes*, et à senestre aux armes de la famille rémoise des Bachelier : *d'azur à la croix engrelée d'or, cantonnée*

de quatre paons rouants d'argent. — Provenance inconnue. Hauteur, 0m40 ; largeur, 0m45.

N° 156

Épitaphe de Nicolas Thierry, conseiller du roi, élu en l'Élection de Reims, mort en 1640, et de sa femme Perette Ancelet, morte en 1647. — Provenance inconnue.

    A LA GLOIRE DE DIEU
  ET A LA MÉMOIRE DE M^E NICOLAS
  THIERRY, VIVAT CONSEILLER DU ROY
  ET ELEV EN L'ÉLECTION DE REIMS
  LEQVEL EST DÉCEDÉ LE 7^E NOV^{BRE}
  1640 EN LA LXXVIIIE ANNÉE
  DE SON AAGE.
  ET DE DAM^{LLE} PERETTE ANCELET SA
  FEMME QVY DECEDDA LE 1ER SEP^{BRE}
  1647 : AAGÉE DE 76 ANS
  [NI] COLAS THIERRY LEVR FILS
  [CONSEILLER] DU ROY LIEVTENANT
  . . . . INEL EN L'ÉLECTION
  . . . . DE REIMS
  . . . . JOVR DE

Plaque en marbre noir, deux fragments irréguliers. — Hauteur totale, 0m60 ; largeur, 0m50.

N° 157

Deux fragments de l'épitaphe de Pierre Coquault, chanoine et official, historien rémois, mort en 1645, laissant cinq volumes manuscrits sur l'histoire du Chapitre, conservés à la Bibliothèque de Reims et dont la Table chronologique a été seule publiée en 1650. — Il avait été inhumé dans la sépulture de sa famille, chez les Clarisses (1), et son épitaphe, brisée à la Révolution, était restée inconnue jusqu'aux fouilles opérées dans le jardin des Dames du Bon-Pasteur en 1886, sur l'emplacement de l'abbaye de Sainte-Claire. Voici le texte en partie restitué, d'où il semble résulter que sa mort fut accompagnée de grandes douleurs :

```
..........................ECTATOR..............
.......................RTALIT' INIT..........
Hic jaceT VENE: DoM: AC MAG: PETrus.........
COQUAULT pRESBITER CAN: Ecclesiæ Rem.........
...OR.EIUSD: in SPIRIT: ET REGIA REM........
...CTA REGIA... EXUVIAS IN MAIORUM.........
.....III' obiIT CONFLICTATUS....................
..........ACUTISSIM DOLORIBUS..............
.............PARI..N........................
```

Débris en marbre noir épais, avec moulure, mesurant : l'un, 0m30 ; l'autre, 0m19 de hauteur.

N° 158

Épitaphe d'Adam Pinguis, capitaine au régiment de Picardie, mort en 1652. — Provient du cloître des Cordeliers de

---

(1) « Petrus Coquault, clericus Remus, can. 23 Jun. 1603, ... fuit in utroque jure doctor, presbiter et in Senatu Regio Remensi consiliarius ac in Curia spirituali Rem. officialis. Obiit Remis ætat. 57, nuper can. Rem. 11 jan. 1645, sepultus in Eccl. Clarissarum Remens., 13 jun. seq. » WEYEN, Dignitates, f° 344.

Reims, rue des Trois-Raisinets, 11 ; don de Mme Andrés en 1885 :

> CI GIST NOBLE HOMME ADAM PINGVIS ESCVY^ER
> SIEVR DV BEAVFAYE CAPITAINE ENTRETENV
> D'VNE COMPAGNIE AV REGIMENT DE PICARDIE
> LEQVEL APRÈS AVOIR SERVY LE ROY EN
> PLVSIEVRS SIÈGES DE VILLES FVT AVEVGLÉ DV^NE
> MOVSQVETADE AV SIÈGE DE MONTAVBAN
> LE 17 OCTOBRE 1621. ENFIN RETOVRNÉ
> EN SA PATRIE EST VENV RENDRE SON
> ESPRIT A DIEV LE DERNIER IOVR DE
> IVILLET 1652.
> ET DAMOISELLE IEANNE SOVYN
> SA CHER^E ESPOVSE QVI DE
> CEDA LE
>
> *Sola virtus exper^s*
> *Sepulchri*

Pierre en forme de cœur, marbre noir. — Hauteur, 0^m50 ; largeur, 0^m45 ; épaisseur, 0^m06.

N° 159

Épitaphe de Jérôme Fremyn, doyen du Chapitre de Reims, aumônier de Gaston d'Orléans, mort en 1663. — Provient de la chapelle Saint-Nicaise de la Cathédrale (aujourd'hui dite du *Sacré-Cœur*), retrouvée dans un chantier, en 1885, et transportée au Musée. L'inscription s'efface beaucoup, mais son texte se trouve confirmé par la notice de la prébende (1).

---

(1) Recueil de WEYEN, *Dignitates Eccl. metrop. Rem.* — Præbenda 4, f° 285 : « Hieronimus Fremin, clericus Rem., auth. ordin. per proc. 14 Maij 1609, per obitum Nicolai Lescamoussier. Legitur Eleemosinarius domini Gastonis ducis Aurelianensis 1630, fit decanus Eccles. Remen. 10 aug. 1655. Obiit Remis, nuper can. Rem. antiquior et decanus ejusd. Eccles., 23 feb. 1663, ætat 68, sepultus in sacello S^ti Nicasii Eccles. Remensis. » *(Bibliothèque de Reims, Mss. n° 1391.* — Cf. *Histoire et Description de Notre-Dame de Reims*, par l'abbé CERF, tome II, p. 382.)

On y lit :

A LA
GLOIRE DE DIEV
ET A LA MÉMOIRE
DE Mre HIEROME
FREMYN EN SON VIVANT
CHANOINE DE CETTE
ÉGLISE QUI DECEDA
LE VINGT TROISIESME
FÉVRIER MIL SIX
CENT SOIX. TROIS
PRIEZ DIEV
P. LVI

Dalle en marbre noir ou pierre de Givet, de forme ovale. — Hauteur, 0m90 ; largeur, 0m45.

N° 160

Épitaphe de Pierre Dozet, chanoine, archidiacre de Champagne, chancelier de l'Université, et vicaire général, mort en 1668 (1). — Provient de la chapelle des Apôtres de la Cathédrale de Reims (aujourd'hui dite du *Rosaire*), d'où elle fut enlevée lors du nouveau pavage et déposée au Musée. (Voir l'*Histoire et Description de Notre-Dame de*

---

(1) « Petrus Dozet, canon. Remensis, receptus 6 martii 1643... Fuit cancellarius universitatis, nec non vicarius generalis, etc... Obiit Remis nuper can. Rem. et archidiaconus Campaniæ,... sepultus in sacello S^{ti} Joannis Eccl. Remensis, sub tumba... de Placentia, can. et succentoris Eccl. Remensis. » WEYEN, *Dignitates Eccl. metrop. Remensis*, p. 27.

Reims, par l'abbé Ch. CERF, tome Ier, p. 135, et tome II, p. 383.)

> HIC IACET VENERABILIS
> DOMINVS PETRVS DOZET
> PRESBITER THEOLOGIE DOC" ;
> ET DECANVS, VNIVERSITATIS
> REMENSIS CANCELLARIVS, H.
> ECCLESIÆ METROPOLITANÆ
> CANONICVS ET ARCHIDIACONVS
> CAMPANIÆ, SERENISSIMI
> PRINCIPIS HENRICI DVCIS A
> GVISIA ARCHIEPISCOPI ET
> CAPITVLI, SEDE VACANTE
> VICARIVS GENERALIS AC
> SPIRITALIS CVRIÆ OFFICIALIS.
> HOC ALTARE IN DEI OPTIMI
> MAX. GLORIAM, ET SANTORVM *(sic)*
> IOANNIS BAPTÆ ET APOST^m
> PETRI ET PAVLI HONOREM
> TESTAMENTO SVO ERIGENDVM
> CVRAVIT OBIIT DIE TERTIA
> OCTOBRIS ANNO DOMINI
> 1668

Marbre noir, plaque rectangulaire. — Hauteur, 0^m65 ; largeur, 0^m40 ; épaisseur, 0^m05.

N° 161

Épitaphe de Charles Roland, prêtre, docteur en théologie, ancien recteur de l'Université de Reims, curé de Saint-Étienne, mort le 21 octobre 1671, inhumé dans cette église. — La dalle tumulaire, en partie sciée sur le côté, a été retrouvée dans un chantier de la place Saint-Nicaise, en 1883, et transportée au Musée. Son texte a été publié dans le *Répertoire archéologique,*

UT
URBEM QUASI ALTERAM DONIS QUÆ REPORTABAT CONDIDERIT
CIVITATIS ADORNATOR.
SCHOLAS MATHESEOS, PICTURÆ, PERPETUA PRÆMIORUM DISPENSATIONE
DOTAVIT ARTIUM PATRONUS.
MEMORIAM SUI NEPOTIBUS PRÆDICANDAM RELIQUIT
CIVIS OPTIMUS.
OBIIT IN DOMINO DIE SEPTEMB. 1ª ANNI 1759 ÆTAT. 59.
VIDEAT BONA DOMINI IN TERRA VIVENTIUM
AMEN.
SCRIBEBAT DE SAULX, ECCL. REM.
CANON. UNIV. CANCELLARIUS.
HOC FRATERNÆ PIETATIS ET BENE
MEMORIS ANIMI MONUMENTUM
APPONI VOLUIT JOANNES-BAPTISTA-PHILIP. ROGIER
IN REGIA PRÆSIDIALI CURIA PRIMUS PRÆSES.

Plaque en marbre noir, arrondie du haut, lettres capitales égales, ornements et écusson dorés. — Cette plaque provient de l'église des Cordeliers, où Jean-François Rogier fut inhumé le 2 septembre 1759. Elle fut recueillie dans la maison de sa famille, 18, rue de Monsieur, lors de la démolition de cette église, et enfin donnée au Musée lors de la vente de la maison de M. Thierion-Rogier, vers 1865. — Hauteur, 1ᵐ78; largeur, 0ᵐ94.

N° 165

Épitaphe de Nicaise Delamotte, curé de Saint-Hilaire de Reims :

Cy gît
Mᴿᴱ NICAISE DELAMOTTE
LICENTIÉ ES LOIX DOYEN
DE LA CHRETIENTÉ QUI APRES
AVOIR DIGNEMENT REMPLI LES
DEVOIRS DE CURÉ DANS CETTE PAROISSE
PENDANT 40 ANS EST DÉCÉDÉ LE
27 NOVEMBRE 1783 AGÉ DE 72 ANS
(Figure gravée d'un calice)
Requiescat in pace

Dalle en marbre noir, en forme de losange, filet autour du texte. Cette épitaphe provient de l'ancienne église Saint-Hilaire de Reims, et son texte a déjà été donné dans le *Répertoire archéologique*, Paroisses de Reims, 1889, p. 157. — Hauteur et largeur, 0m49.

II

Monuments religieux, Statues, Niches, Chapiteaux

N° 166

Débris d'une statue de saint Michel ou de saint Georges, de la Renaissance, la tête manque ainsi que le bas des jambes ; costume avec armure. — Provenance inconnue. Plusieurs autres fragments de statues de la même époque, et sans indication de provenance, ne sont pas décrits ici.—Hauteur, 0m55.

N° 167

Débris d'un sépulcre du XVIe siècle, style de la Renaissance ; fragments de draperie et de trois statues, tête de saint Jean, figure peinte, cheveux dorés (hauteur 0m25), tête de Nicodème (hauteur 0m20), tête de Joseph d'Arimathie (hauteur 0m27). — Proviennent des Clarisses de Reims, 1886. — Débris irréguliers.

N° 168

Tête sculptée de la Renaissance, fragment de statue, figure imberbe, coiffée d'un bonnet de docteur. — Provient de l'ancienne église Saint-Hilaire de Reims, don de M. Rousseau, économe de la Charité, en 1887. — Hauteur, 0m22.

N° 169

Tête de Christ, du XVIe ou XVIIe siècle, pierre mutilée. — Provenance inconnue. — Hauteur, 0m14.

N° 170

Tête d'ange du XVIIe siècle, pierre mutilée. — Provenance inconnue. — Hauteur, 0m25.

N° 171

Tête d'ange ailée, postérieure à la Renaissance. — Provenance inconnue. — Hauteur, 0m20.

N° 172

Fragment d'un vase de style Renaissance, probablement un ancien bénitier, lebétiforme, cantonné de quatre consoles avec figures d'ange et feuillages retombants ; le fond du vase actuellement percé. — Provenance inconnue, étiquette portant les N°s 22 et 50. — Hauteur, 0m18 ; largeur ou diamètre, 0m25.

N° 173

Fragment mutilé d'une niche cintrée de la Renaissance, dont l'encadrement est orné d'une ligne de fleurons et d'une ligne d'oves. — Provient des Clarisses de Reims, 1886. — Hauteur, 0m25.

N° 174

Dais en forme de coquille de la Renaissance. — Provenance inconnue. — Hauteur, 0m50 ; largeur, 0m95.

N° 175

Console du XVIe siècle, taillée en pyramide renversée, avec un fleuron à la pointe et des feuilles aux quatre arêtes. —

Provient des Clarisses de Reims, 1886. — Hauteur, 0m25 ; largeur, 0m15 à 0m24.

N° **176**

Fragment d'un fût de colonne (?) de la Renaissance, balustre en forme de fuseau. — Provenance inconnue, porte une étiquette avec les Nos 50 et 132. — Hauteur, 0m41 ; diamètre, 0m15.

N° **177**

Fût de colonne cannelée de la Renaissance ou du xvııe siècle, incomplet, provenant de l'ancienne église Saint-Hilaire de Reims. — Don de M. Rousseau, économe de la Charité, en 1887. — Hauteur, 1m43.

Nos **178** et **179**

Deux chapiteaux en albâtre, d'une fine sculpture de la Renaissance, ornés de feuillages et de figures d'un dessin différent : l'un offre quatre figures de génies ailés sortant d'une gaine, et l'autre quatre crochets terminés par des figures imberbes. — Ces chapiteaux proviennent, d'après la tradition, des colonnes de l'ancien tombeau de saint Remi, construit et sculpté par un maître inconnu, vers 1527, dans l'église de ce nom, et détruit en 1793, sauf les statues reportées sur le tombeau actuel. (Voir les *Artistes rémois*, par Ch. LORIQUET, dans les *Travaux de l'Académie de Reims*, t. XXXVIII, p. 154.) — Hauteur, 0m12 ; diamètre, 0m20 à 0m25.

Ces chapiteaux figurent à tort comme étant l'œuvre de Pierre Jacques, au *Catalogue du Musée de Reims*, par Ch. LORIQUET, pages 320-21.

N° **180**

Chapiteau corinthien de la Renaissance, avec tête au centre des feuillages sur chaque face, et morceau d'un autre chapiteau accolé. — Provient des chapelles de l'ancienne église

Saint-Pierre-le-Vieil de Reims; retrouvé en 1881, dans les fondations d'une maison voisine de l'église, rue des Telliers (maison du Dr Strapart). — Don du propriétaire de la maison. — Hauteur, 0^m35 à 0^m40.

N^{os} **181, 181** bis et **181** ter

Chapiteau de la Renaissance, avec feuillages et volutes aux quatre angles, têtes sculptées en relief sur les faces entre les volutes. — Provenance inconnue. — Hauteur, 0^m28.

Deux autres chapiteaux de la Renaissance, de provenance également inconnue.

N^o **182**

Petit chapiteau dorique du xviie siècle, avec moulure sans ornements, provenant des Clarisses de Reims, donné en 1886. — Hauteur, 0^m10 ; largeur, 0^m21.

N° **183**

Fragment du retable d'un autel du xviiie siècle (1740), de la cathédrale de Reims, chapelle de Saint-Calixte, offrant au centre un médaillon sculpté avec la figure en buste d'un pape portant la tiare et tenant une croix à triple traverse, palmes sur les côtés. (Voir l'*Histoire et description de Notre-Dame de Reims*, par l'abbé CERF, tome Ier, p. 135, et tome II, p. 364.) — Déposé au Musée vers 1878. — Hauteur, 0^m48 ; largeur à la base, 1^m10.

III

Monuments civils, Enseignes, Cheminées, Puits, Bornes

N° 184

Sainte-Face, figure du Christ empreinte sur le linge de sainte Véronique, emblème de l'Hôtel-Dieu de Reims, sculpture d'un fort relief et d'une puissante expression, œuvre de la fin du XVIe siècle ou du XVIIe, qui surmontait le linteau

d'une porte extérieure de l'ancien Hôtel-Dieu (Palais de Justice actuel), sur la rue du Puits-Terra, près la rue du Trésor. — Provient de la démolition de cet établissement vers 1840. — Hauteur, 0m70 ; largeur, 0m85.

N° 185

Sainte-Face, emblème identique au précédent mais d'un moindre relief, provenant également de l'Hôtel-Dieu de Reims lors de sa démolition. — Débris trouvé près de la fontaine

Rogier (entrée actuelle du Palais de Justice), vers 1840. — Hauteur, 0m60 ; largeur, 0m40.

N° 186

Fragment d'une corniche de peu d'élévation, avec tête sculptée, provenant de la maison dite de *La Chrétienté*, bâtie en 1615. *(Le Vieux Reims*, par l'abbé CERF, p. 64.) — Largeur, 0m50.

N° 187

Patte de lion avec griffes, débris de sculpture de date incertaine. — Provenance inconnue. — Hauteur, 0m11 ; largeur, 0m23.

N° 188

Manteau de cheminée de la Renaissance (vers 1550), offrant au centre l'écu de France en haut relief, surmonté d'une couronne et entouré du collier de l'ordre de Saint-Michel, avec un rinceau de chaque côté ; cet écusson est placé sous la courbe d'une guirlande qui s'arrondit à la partie supérieure et retombe de chaque côté ; — à gauche, écusson en haut relief aux armes de la famille Noël, de Reims, qui portait :

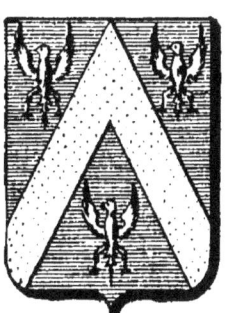

d'azur au chevron d'or, accompagné de trois alérions d'argent ; autour, rinceaux très délicats en bas-reliefs, gracieuses figurines d'un homme et d'une femme nus, se tenant aux rinceaux ; à droite, écusson parti à dextre aux mêmes armes que ci-dessus, et à senestre, aux armes de la famille Moët qui por-

tait : *de gueules, à deux lions d'or adossés, dressés, les têtes contournées;* autour, même décoration en bas-relief avec oiseaux fantastiques. — Provient d'une maison de la rue de Tambour, où elle fut trouvée par M. Provin et donnée ensuite au Musée par M. Jules Mennesson. (Voir le *Vieux Reims,* par l'abbé CERF, 1875, p. 18, — l'*Armorial des Lieutenants des habitants de Reims,* par Ch. GIVELET, 1887, p. 26 et 83, et le *Catalogue de l'Exposition rétrospective de Reims,* 1876, p. 244, n° 3818.) — Hauteur, 0m65 ; longueur, 2m30.

N° 189

Manteau d'une cheminée de la Renaissance (fin du XVI° siècle ou commencement du suivant), offrant, au centre, un cadre rectangulaire qui devait contenir un tableau ou un bas-relief ; ce cadre est garni de feuillages et de palmettes, il est accompagné de chaque côté de trophées et de panoplies surmontées de grappes de fruits et de masques de lion ; les pilastres, en forme de gaines, sont ornés de têtes sculptées sur les côtés. — Provient de la maison de la rue de Tambour, dite du *Palais Royal,* où ce manteau était placé sur une cheminée gothique du XVI° siècle, décrite plus haut, et donnée par M. Saint-Aubin dans son ensemble. (Voir le *Catalogue de l'Exposition rétrospective de Reims,* p. 244, n° 3816.) — Hauteur, 1m20 ; largeur, 2m85.

N° **190**

Fragments d'un manteau de cheminée de l'époque de Henri IV ; trois morceaux, l'un offrant une guirlande de fruits accompagnant la bordure d'un cadre (largeur, 0ᵐ70) ; — les deux autres, ornés de génies nus, avec tête frisée, tenant des objets divers (aujourd'hui brisés), parmi lesquels on distingue des carquois ; traces de moulures d'un cadre (hauteur et largeur, 0ᵐ40). — Provenance inconnue. (Sur les anciennes cheminées de la Renaissance, voir le *Reims-Guide*, par H. JADART, 1885, p. 39, note.) — Débris irréguliers.

N° **191**

Cheminée du XVIIᵉ siècle, provenant d'une maison de la rue Saint-Étienne (aujourd'hui rue de l'Université, n° 46), dont la façade offre encore pour enseigne : *A l'Écu de Reims*, avec la date de 1652 au-dessus de la porte. Elle a été donnée dans son ensemble par le propriétaire de la maison, M. Sibire, vers 1866, et remontée avec soin, pièce par pièce, dans le Musée. — Elle se compose d'un manteau orné à la base de rinceaux, avec un cartouche lisse en marbre noir au centre ; les montants, avec consoles, sont ornés de feuillages ; au-dessus, s'ouvre un large cadre, actuellement vide, flanqué de cariatides supportant l'entablement ; au sommet, un fronton arrondi renfermait sans doute un cartouche armorié qui a été mutilé. (Voir la *Visite aux anciennes maisons de Reims*, par Ch. GIVELET, dans les *Travaux de l'Académie de Reims*, t. XXXVI, p. 32, et le *Vieux Reims*, par l'abbé CERF, p. 72.) — Hauteur, 4ᵐ20 ; largeur, 2ᵐ30.

N° **192**

Plaque de cheminée en fonte, taque armoriée portant au sommet la date de 1560, provenant de la maison n° 10 de la rue des Tapissiers (aujourd'hui rue Carnot), et donné en

1892 par M. Émile Mennesson. Sauf à la base, son état de conservation est satisfaisant. On voit au centre, dans une guirlande, un écusson *écartelé aux 1er et 4e quartiers à 3 merlettes, posées 2 et 1, et aux 2e et 3e quartiers, à la croix chargée de 5 coquilles;* dans les angles supérieurs se trouvent une croix à double traverse et une fleur de lys, et dans chacun des angles inférieurs une croix cantonnée de quatre croisettes. Bordure en torsade autour de la plaque. — Hauteur, 0m87; largeur, 0m75.

N° **193**

Grande plaque de cheminée ou taque en fonte (fendue), offrant deux Génies tenant d'une main, dans le haut, une couronne fermée avec croix, et de l'autre main, au-dessous, un cartouche avec un chiffre formé des lettres capitales AV, et de deux C entrelacés; courroie autour avec la devise : HONNI · SOIT · QVI · MAL · Y · PENSE. Riche encadrement autour du sujet. — Provient, pense-t-on, de la maison de la rue de Tambour, dite du *Palais Royal*, ainsi que la cheminée décrite ci-dessus, n° 189. — Hauteur, 1m05; largeur, 0m90.

N° **194**

Douze carreaux de la Renaissance, en terre cuite, offrant tous des dessins identiques : une figure de femme de profil dans un encadrement fort gracieux d'arabesques et de rinceaux. — Proviennent de l'ancienne maison Vellard (rue Ste-Marguerite, n° 1), où ils décoraient le fond d'une cheminée dans un assemblage remplaçant la plaque de fonte du foyer. — Don du propriétaire, vers 1868. — Hauteur de chaque carreau, 0m10; largeur, 0m15.

N° **195**

Fragment de la margelle d'un puits, débris fort intéressant du xvie siècle, de style Renaissance, à pans coupés, orné sur chaque face d'un médaillon avec tête, ceux des côtés tronqués ; le médaillon du milieu, cantonné de deux fleurs de lis et de deux marguerites alternant. — Trouvé dans la cour de la maison, rue de la Peirière, n° 3, vers 1872, et donné par M. Ch. Givelet. — Hauteur, 0ᵐ60 ; largeur, 0ᵐ65.

N° 196

Puits du xvi° siècle, dit de Jean Godart, d'Attigny, grand chantre du Chapitre de Reims, provenant de la cour de l'ancienne maison n° 36 de la rue des Capucins ; à la façade de la nouvelle est adossée une croix en fer, érigée en 1876, à la mémoire de ce personnage. — Le puits se compose d'un fronton triangulaire, supporté par deux montants, dont l'un est brisé ; le fronton est sculpté sur les deux faces, orné sur l'une des armes du Chapitre de Reims, et sur l'autre de celles de Jean Godart ; ses initiales, J. G., sont en outre gravées sur les montants du côté où est placé son écusson. (Voir le dessin des armoiries de Jean Godart, dans les *Inscriptions anciennes de l'arrondissement de Vouziers*, par le Dʳ H. VINCENT, 1892, p. 47.) — Don du propriétaire de la maison. — Hauteur, 1ᵐ40 ; largeur, 1ᵐ.

N° 197

Vierge de pitié (groupe mutilé), au pied d'une croix (également brisée) surmontée d'un dais en forme de coquille ; les pilastres, ou montants latéraux, sont ornés d'écussons et de rinceaux dans le goût de la Renaissance : on distingue au milieu des roses et des arabesques le chiffre de Jean Godart, grand chantre de Reims, les lettres J. G. entrelacées. La décoration conserve des traces de peinture et de dorure ; l'ensemble repose sur une base qui offre quelques caractères gothiques et la date de 1537. — Provient de la même maison (rue des Capucins) que le puits de Jean Godart, et se trouvait au-dessus de la porte cochère, sur la rue. Don du propriétaire de la maison. — Hauteur, 1ᵐ05 ; largeur, 0ᵐ65.

N° 198

Croix en bois avec Christ, moderne, dite *Croix de Jean Godart*, provenant de la même maison que le puits décrit plus haut; on lit sur le montant : *O crux ave. Ave Maria.* Elle remplaçait une croix en pierre d'avant la Révolution, et elle a été remplacée par une croix en fer en 1876. (Voir *Les anciennes Croix dans le pays rémois*, par H. JADART, 1888, p. 29.) — Don du propriétaire de la maison. — Hauteur, 3m50.

N° 199

Borne en grè de forme cylindrique, ayant servi de limite aux juridictions de l'Archevêché et de l'abbaye de Saint-Nicaise, dont elle porte les emblèmes : une croix à double traverse, et deux crosses avec les lettres S. N. — Cette borne se trouvait, en dernier lieu, contre le bâtiment neuf des Dames de la Congrégation sur la rue de l'Université, en face du Lycée, et a été apportée au Musée vers 1880. Elle porte aussi le n° 70 sur le côté droit. (Voir la *Visite aux anciennes maisons de Reims*, par Ch. GIVELET, dans les *Travaux de l'Académie de Reims*, t. XXXVI, p. 35.) Elle est actuellement placée au Musée, sous le puits de Jean Godart. — Hauteur, 0m85 à 1m.

N° 200

Borne prismatique, arrondie à la partie supérieure; sur la face de devant et sur celle de gauche, on voit une crosse gravée et la lettre M inscrite dans un carré. — Provenance inconnue. — Hauteur, 0m80 ; largeur, 0m42.

N° 201

Pierre de fondation, trouvée en 1885 dans la démolition d'une maison de la rue de l'Hôpital, ancien hôtel de Mme Vve Clicquot-Ponsardin. — Don de M. Alfred

On y lit :

      P · P · PPAR · MONSIEVR
      ROBER · PERRARD · PERE ET
      IAQVE · P^D SON FILS · ET
      MC P^D · LE TROIS SEPTEMBRE
      LAN DE GRACE · 1768

Pierre calcaire, double filet autour du texte, trou à la suite, où était placée une pièce de monnaie. — Hauteur, 0^{m}25 ; largeur, 0^{m}50.

N° 202

Fragment d'un cadran solaire du xviie siècle, en marbre blanc, mutilé. — Provenance inconnue. — Diamètre incomplet, 0^{m}21.

FIN.

TABLE ALPHABÉTIQUE

des Noms de Lieux et de Personnes [1]

Ancelet (Perette), 156.
Andrès (Mᵐᵉ), dons, 80, 158.
Archevêché de Reims, 133, borne, 199.
Azenaire, abbé de Saint-Remi, 40.
Bachelier (Famille), 155.
Bachelier (Marie), clarisse, 152.
Bary (de), don, 33.
Basée (Porte), 27.
Beguin (Simonne), clarisse, 152.
Benoist (Albert), don, 81.
Bertozzi, mouleur, 96.
Bon-Pasteur (Religieuses du), dons, 83, 97, 104, 107, 113, 150, 151, 152, 153, 157, 167, 173, 175, 182.
Boucher (Antoine), prévôt du Chapitre, 162.
Boucton, don, 13.
Brunette (N.), architecte, 4, 10.
Campana (Collection), 1, 2.
Camu-Bertherand, don, 48.
Capucins (Enclos des) provenance, 28.
Cathédrale de Reims, provenances diverses, 87, 88, 89, 90, 91, 92, 96, 159, 160, 162, autel, 180.
Cerf (l'abbé), chanoine, 91, 159, 160.
Chapitre de Reims, sépultures, 84, 148, 157, 159, 160, 162.
Chrétienté (Maison de la), 44, 186.
Chertemps (Pierre), 149.

Chevallier (l'abbé), 137.
Clicquot (Vᵉ), hôtel, 201.
Combat de l'Ours (Maison du), 129.
Coq-à-la-Poule (Maison du), 130.
Coquault (Pierre), historien rémois, son épitaphe, 157.
Coquillart (Élisabeth), clarisse, 151.
Coquillart (Nicolas), mercier, 85.
Cordeliers (Couvent des), provenances, 80, 158, 164.
Courmont (Moulin de), 37.
Dauphinot (S.), don, 130.
Davis (Élisabeth), clarisse, 151.
Delamotte (Nicaise), doyen, 165.
De Saulx (l'abbé), 164.
Dozet (Pierre), chanoine, 160.
Dreux, abbé de Saint-Nicaise, 81.
Dubois (sœur), clarisse, 153.
Dugué (Jean), chanoine, 84.
Duquénelle (V.), antiquaire, Introduction.
École de Médecine de Reims, 148.
Écu de Reims (Maison de l'), 191.
Évergnicourt (Prieuré d'), 69.
Favri (Maison), 39.
Fitlet (Madeleine), clarisse, 151.
Fremyn (Angélique), clarisse, 153 bis.
Fremyn (Jérôme), chanoine, 159.
Frison (Barbe), clarisse, 152.

[1] Les chiffres de la Table renvoient aux numéros des objets, et non aux pages du Catalogue.

Fruchard et *Vanier*, fouilleurs, 37.
Givelet (Ch.), dons, 48, 58, 81, 86, 110, 135, 195.
Godart (Jean), grand chantre, 196, 197, 198.
Henriot Frères, don, 3.
Héron de Villefosse (Ant.), membre de l'Institut, 7.
Hôtel-Dieu de Reims, emblème, 184, 185.
Iges, près Sedan, 84.
Joly-Braconnier, don, 69.
Jovin, tombeau, 7.
La Perier (Mme de), clarisse, 151.
Lasteyrie (R. de), membre de l'Institut, 44.
Laval-Morancy, près Rocroi, 84.
Lefèvre-Pontalis (Eug.), 58.
Legay (Nicolas), tanneur, 85.
Lespagnol (Marie et Charlotte), clarisses, 153 bis.
Loriquet (Ch.), 6, don, 50.
Maillefer (Jeanne), religieuse, 163.
Mazoyer (V.), don, 129.
Mennesson (Émile), don, 192.
Mennesson (Jules), don, 188.
Menu-Picart, don, 6.
Moët (Famille), 188.
Montauban (siège de), 158.
Mont-Notre-Dame (Collégiale du), 58, 110.
Noblet (Jeanne), clarisse, 153 bis.
Noël (Famille), 188.
Orléans (Maison d'), ses armes, 133.
Palais-Royal (Maison du), 136, 189, 193.
Paris (Thomas et Marie de), clarisses, 151.
Perrard (Famille), 201.
Pinguis (Adam), écuyer, 158.
Porte-Mars (Château, arc de triomphe et rempart de), 6, 16, 17, 22, 26, 78, 79.
Quentin-Lacambre, don, 9.

Reims, voir *Cathédrale*, *Chapitre*, *Hôtel-Dieu*, *Porte-Mars*, etc.
Reims (Armes de), 133.
Renart père, 94.
Richer, sa tombe, 41.
Rivart, don, 32.
Rogier (Jean-François), lieutenant des habitants, son épitaphe, 164.
Roland (Charles), recteur, 161.
Rousseau (V.), dons, 154, 168, 177.
Saint-Aubin, dons, 136, 189.
Saint-Bernard (Prieuré de), 39.
Sainte-Claire (Abbaye de), provenances, 83, 97, 104, 107, 113, 150, 151, 152, 153, 157, 167, 173, 175, 182.
Saint-Étienne (Église), 161.
Saint-Georges-lez-Milly (Seine-et-Oise), 137.
Saint-Hilaire (Église), 165, 168, 177.
Saint-Jacques (Église), 32.
Saint-Michel (Église), 84.
Saint-Nicaise (Abbaye de), débris, 81, 86, 199.
Saint-Pierre-le-Vieil (Église), 180.
Saint-Remi (Abbaye de), tombes, 40, 41, 42, 43, 82, chapiteaux, 178, 179.
Saint-Thierry (Abbaye de), 48.
Saubinet (Et.), don, 93.
Sibire, don, 191.
Souyn (Jeanne), 158.
Strapart (D^r), don, 180.
Taissy (Marne), cloche, 96.
Thevrault (R.), chanoine et médecin, 148.
Thierry (Famille), 156.
Thuisy (Famille de), 136.
Tortrat, don, 4.
Vellard, don, 194.
Viollet-le-Duc, 87, 88, 92.
Werlé (Alfred), don, 201.
Weyen (H.), son recueil, 148, 157, 159, 160.
Wido, sa tombe, 42.

TABLE DES MATIÈRES

NOTICE PRÉLIMINAIRE

	Pages
I. Des Musées lapidaires en général, projets de création de celui de Reims....................................	1
II. Établissement d'un Musée lapidaire dans la Chapelle basse de l'Archevêché, en 1864............................	7
III. Établissement d'annexes du Musée lapidaire à l'Hôtel de Ville, en 1882, et dans l'écurie de Clairmarais, en 1883; insuffisance actuelle de ces dépôts provisoires.........	14
IV. Catalogue du Musée de la Chapelle basse de l'Archevêché, son utilité et ses divisions en 1895.....................	19

CATALOGUE

CHAPITRE PREMIER

Époque antique

I. Antiquités étrusques.................................	25
II. Antiquités gallo-romaines, monuments du culte...........	25
III. Monuments funéraires................................	31
IV. Débris d'édifices publics et d'habitations privées.........	38
V. Objets affectés à divers usages........................	41
VI. Époque franque.....................................	42

CHAPITRE DEUXIÈME

Époque romane

I. Monuments funéraires, Inscriptions.....................	43
II. Débris d'architecture, Chapiteaux......................	46

CHAPITRE TROISIÈME

Époque gothique

I. Monuments funéraires, Inscriptions	53
II. Monuments religieux, débris d'architecture, Statues, Chapiteaux	57
III. Monuments civils, Enseignes, Cheminées	64

CHAPITRE QUATRIÈME

Renaissance et Temps modernes

I. Monuments funéraires, Inscriptions	69
II. Monuments religieux, Statues, Niches, Chapiteaux	82
III. Monuments civils, Enseignes, Cheminées, Puits, Bornes	86
Table alphabétique des noms de lieux et de personnes	95

FIGURES

I. Vue générale du Musée dans la chapelle basse, *planche*	10
II. Statues de Cybèle, quatre figures 28 à	31
III. Tombeau de Jovin, face principale et faces latérales, sommet du pilastre, quatre figures 32 à	34
IV. Chapiteaux de l'abbaye de Saint-Remi, deux figures, 51 et	52
V. Armes de Reims, XVe siècle	66
VI. Armes de la famille de Thuisy	67
VII. Armes de la famille Bachelier	74
VIII. Épitaphe de J.-Fr. Rogier	80
IX. Emblème de l'Hôtel-Dieu, Sainte-Face	86
X. Armes des familles Noël et Moët, deux figures 87 et	88

47289 — Reims, Imp. de l'Academie (N. Moncé, dir.), rue Pluche, 24.

Frise de l'ancienne église Saint-Symphorien
(Débris disparu)

SUPPLÉMENT

N° 34 bis

Meule gallo-romaine en lave, composée de deux plateaux, l'un taillé en cône sur sa face inférieure, qui s'emboîte dans une cuvette conique creusée dans l'autre plateau. Un trou percé au centre livrait passage à un axe autour duquel tournait la meule.

Diamètre, 0^{m}66 ; épaisseur totale, 0^{m}28.

Provenance inconnue. L. D.

N° 92 bis

Vierge gothique debout, couronnée, recouverte d'un voile et d'un manteau, longs cheveux tombants, l'Enfant Jésus sur le bras gauche mutilé, le reste bien conservé. (Voir le Vieux Reims, par l'abbé CERF, p. 79.) — Provient de la maison faisant l'angle de la place Godinot (n° 2), et de la rue de l'Université, où elle se trouvait, de temps immémorial, placée dans une niche cintrée. Don de M. Albert Simon, peintre, en mai 1895. — Hauteur, 0^{m}94.

Nos **127** et suivants

Il faut ajouter à la liste des chapiteaux du moyen âge non décrits, seize autres placés sans numéros sur les gradins et sur le rebord des fenêtres murées de la première travée, prés de la porte de la chapelle.

Si l'on réunissait à l'ensemble des chapiteaux indiqués ici ceux des autres dépôts de l'Hôtel de Ville et de Clairmarais, on obtiendrait une collection d'une centaine de modèles des plus remarquables et des plus utiles pour les sculpteurs modernes (1).

H. J.

26 mai 1895.

---

(1) *Considérations sur les avantages qui peuvent résulter, pour la ville de Reims, d'avoir un Musée d'antiquités et des Galeries historiques* (par N. BRUNETTE, architecte). — *Reims, Masson-Gérard,* 1879, brochure in-8° de 14 pages.

www.ingramcontent.com/pod-product-compliance
Lightning Source LLC
Chambersburg PA
CBHW070244100426
42743CB00011B/2130